A Cultura
da Juventude
de 1950 a 1970

Waldenyr Caldas

A Cultura
da Juventude
de 1950 a 1970

BIBLIOTECA AULA
Musa Música
Volume 10

© copyright Waldenyr Caldas, 2008

Christiane Wagner
CAPA, DESIGN GRÁFICO E FOTOS

Equipe Musa Editora
REVISÃO

Dados Internacionais de Catalogação na Publicação (CIP)
(Câmara Brasileira do Livro, SP, Brasil)

Caldas, Waldenyr
    A cultura da juventude de 1950 a 1970 / Waldenyr Caldas.
– São Paulo: Musa Editora, 2008. -- (Musa música. Biblioteca aula ; 10)

    Bibliografia.
    ISBN 978-85-85653-96-5

1. Contracultura
2. Cultura
3. Juventude - Aspectos sociais
I. Título.
II. Série.

08-01096   CDD-306.0835

Índices para catálogo sistemático:
1. Cultura da juventude: Sociologia 306.0835

Todos os direitos reservados.

Musa Editora
Rua Itapicuru, 231 Casa 1
05006-000 São Paulo, SP
11 3862-2586   11 3871-5580 (fax)
www.musaeditora.com.br
www.musaambulante.com.br

Para
Christiane,
meu amor
e fonte
da minha
alegria

James Dean

Quero agradecer a todos os meus alunos que, no decorrer do meu trabalho e ao longo do tempo, durante nossas aulas, me estimularam a escrever este livro.

Sumário

Prefácio 11

Introdução 17

I. Das origens do *rock'n'roll* 29

II. A política e a música no Brasil nos anos 50 47

III. O *rock'n'roll* chega ao Brasil 67

IV. Os precursores do *rock'n'roll*
e a juventude brasileira 79

V. A juventude e as origens
do *rock'n'roll* brasileiro 95

VI. A presença da contracultura 125

VII. A juventude da cultura psicodélica 143

VIII. A contracultura e o *rock'n'roll* 173

IX. Bob Dylan e o sonho *hippie* 179

X. A era *The Beatles* 187

XI. Do sonho à frustração 213

Referências bibliográficas 237

Prefácio

Os jovens entre música e corpo

Trânsitos além das dicotomias

A tese de fundo deste livro de Waldenyr Caldas é clara: as culturas juvenis nascem em um determinado período histórico da cultura ocidental. Este momento surge em um contexto – algumas áreas metropolitanas – no qual se libera um tipo de sensibilidade conexo à música. As conexões entre metrópole, música e jovens caracterizam a sensibilidade corpórea de uma maneira antes impensável, porquanto subverte as tradicionais distinções de classes rigidamente dicotômicas: aristocracia e burguesia de um lado, e classes populares (camponesas, operárias e empregados) de outro. Em termos, este tipo de música da juventude não é classista, mas transclassista: no sentido que favorece o trânsito e os cruzamentos culturais para além da velha estratificação de classe. Não apenas isso, mas também as dicotomias racistas que discriminavam radicalmente brancos e negros – isto é, os descendentes *wasp* dos afro-americanos – não funcionavam mais; assim como a outra grande distinção entre cidade e campo na qual se baseava no início o conceito de modernidade.

Nesse sentido, o *rock'n'roll* é transitivo no tocante às três clássicas dicotomias modernas: classista, racista, cidade-campo; enquanto radicalizava em termos conflituais a quarta dicotomia: aquela geracional.

Esta música, além disso, já nasce sob a égide dos *mass-media* na esfera do consumo em uma sociedade que era baseada na produção: e os jovens – nascidos historicamente nos anos 50 – não só não trabalham (enquanto se consolida a escola pública) mas consomem também; enquanto isso os pais, passavam diretamente da adolescência ao trabalho ou à guerra, e tinham como objetivo apenas a produção. Nasce aqui o ressentimento adulto contra o universo juvenil diferente do tradicional que não só era externo a uma ética e a uma política baseada no trabalho, mas consumia e exprimia uma corporeidade perturbadora da ordem existente. E, então, as ciências sociais e a moral de qualquer procedência política seriam endereçadas contra o consumo musical e a "degeneração" juvenil.

Metrópoles mestiças

Este processo se consolida a partir das contestações em que as dimensões metropolitanas e produtivas seriam mais avançadas no sentido capitalista e mais sincrético no sentido cultural. Depois, menos na Europa, onde as cidades eram um tecido forte e "purista" em que se exercitava o baixo controle e a mobilidade social era frágil; e menos entre as nações latinos-americanas e onde a indústria era recente e a riqueza baseada em um sistema latifundiário contrário a qualquer reforma agrária, com ambíguas oscilações entre prejuízos raciais e desejos híbridos.

Nesse sentido, os Estados Unidos consolidam sua hegemonia na perspectiva *gramsciana*, não só durante e depois da Segunda Guerra Mundial, e mesmo entre as duas "grandes" guerras: quando das suas metrópoles mestiças nascem novos gêneros musicais que transformariam o modelo público de representar o corpo, um corpo finalmente sexualizado. E não foi por acaso que o próprio Gramsci, em seu período de reclusão no cárcere do fascismo ("devemos anular aquele cérebro", dizia Mussolini) compreendeu rapidamente este processo baseado não apenas sobre um domínio econômico, quanto sobre uma hegemonia cultural. Pode parecer um paradoxo, mas os estudos culturais – do qual o livro é um posterior e importante atestado de pesquisa – nascem no cárcere e não no campo: Gramsci consegue derrubar o *pan*-óptico de instrumento de controle baseado em um olho que observa e controla a todo momento o corpo do detento, em uma série microscópica por meio da qual se desenvolve a anatomia da cultura capitalista.

Em síntese, em *Cadernos do Cárcere* fica muito claro como a cultura não é uma superestrutura que deriva da produção, segundo uma grosseira vulgata dita marxista; porém aqui são complexos processos interativos e simbólicos que cristalizam temporariamente modalidades de poder: este processo deve conquistar, de tempos em tempos, uma hegemonia cultural além do brutal poder baseado numa estrutura de classe. No final a política deve incluir também os processos culturais (antropológicos) populares e de massa, para não ficar mais restrita apenas à cultura considerada de elite e tampouco ao controle da produção.

A dança da baixa-corporeidade

Parece que a matriz da palavra *jazz* deriva de "ass", significando os movimentos ondulatórios e rítmicos de base da coluna que aquela música favorecia e que eram anulados e controlados pela música "culta". E então tal oscilação baixo-corpórea, como diria Mikail Baktin, grande estudioso do carnaval, se transmite por vibrações progressivas em todas as áreas urbanas do mundo ocidental, para espalhar-se depois para outras zonas, especialmente no Oriente Médio causando parte daqueles problemas identitários que agitam a atual fase política global. Tais vibrações oscilantes tornam-se irresistíveis na medida em que favorecem a autonomia de uma corporeidade juvenil que o novo sistema escolástico pós-segunda guerra (inter-classista, inter-sexual e em parte inter-étnico) conseguia liberar. Então "media", metrópole e música criam a cultura juvenil.

Este livro focaliza justamente um autor decisivo e que deveria ser estudado pelos estudantes e pesquisadores com a mesma seriedade com que se aprendem as noções de sociologia ou em geral das ciências sociais: Chuck Berry. O modo como ele usava a ligação entre voz, guitarra e corpo era revolucionária. E corretamente vem acompanhada de uma bela citação sua: "quando os adolescentes começaram a fixar-se em mim, tive que cuidar muito da minha forma de atuação. Do contrário, seus pais não autorizariam mais os seus filhos a assistir aos meus *shows*."

A ruptura é espontânea e não será mais possível recompô-la. Não se trata do tradicional conflito de gerações: está ocorrendo alguma coisa de grande importância que pela primeira vez é "trans-cultural". Quero dizer que o poder subversivo e rebelde de Chuck Berry sensibiliza um adolescente "normal" como eu quando o vi pela primeira vez em um filme. E não esqueci mais a abertura repentina comparada a outros universos que aquela "coisa" me trouxe. Era o *rock'n'roll*. Mas não só irrompe a importância contra uma moral arcaica, uma política corrupta, uma religião baseada no pecado, uma geração de pais comprometida com o fascismo ou com um anticomunismo em geral. A dissonância do *rock* e dos corpos manifestam uma simétrica dissonância contra uma sociedade autoritária baseada em valores tão construtivos quanto falsos.

Em uma célebre seqüência de *Rebeldes without a cause* de Nicolas Ray (traduzido vergonhosamente em italiano *Gioventù bruciata* e no Brasil como lembra Waldenyr, *Juventude transviada* para incriminar o mundo juvenil, no entanto, o sentido do filme é o oposto), James Dean responde da seguinte forma a um pai com pantufas e a uma mãe autoritária que lhe ensinavam a dizer mentiras que não prevalecerá a sua hipocrisia como um valor seu. A cultural juvenil do fim dos anos 50 e início dos anos 60 é uma rebelião ainda pouco conhecida, mas claramente dirigida contra uma dupla moral e à procura de um amor vital fora da agressiva forma-família da época. Os jovens rompem o duplo vínculo que liga a sua existência a uma sociedade imóvel e conservadora.

Além da Contracultura

Assim nasce uma contracultura, isto é, um movimento cultural e político que se exprime contra os valores dominantes da época, mas que ao mesmo tempo lança as bases para andar além da cultura do poder.

E é exatamente este trânsito de uma música "contra" uma cultura musical que é decisivo para entendermos os valores expressos anteriormente no surgimento dos movimentos da juventude. No sentido de que o "contra", de qualquer modo, mantém-se conexo e praticamente quase ligado àquilo que se desejava destruir, para reproduzir em parte também sem desejar; enquanto que o "além" manifesta as suas autônomas visões do mundo, que se afirmam não mais em um contexto de oposição, mas construtivista.

Justamente o texto de Waldenyr, depois de ter analisado o contexto internacional, se concentra agora sobre as condições político-sociais do Brasil, assim como os jovens de outros países ocidentais (este último termo como se pode notar, é muito problemático) se encontram unidos em um fluxo comunicacional que pode afastá-los e concentrá-los em seus contextos específicos. E não contestar. Este aspecto criativo, que erroneamente é quase sempre visto como algo homólogo, tem favorecido a criatividade autônoma nos mais diversos contextos e com uma sensibilidade mais heterogênea. Este é um ponto decisivo para entender a importância para tantos versos irrepetíveis daqueles anos. O mérito do livro é o de percorrer a história do Brasil internamente no seu panorama musical (*sound scape*) que se irradiam por várias partes, mas que convergem na criação de um novo sujeito: a juventude brasileira. A música torna-se uma palavra chave através da qual pode-se focalizar este movimento que na sua espontaneidade fará com que as pessoas que viviam aquele contexto especial passassem a ter suas afinidades.

Devo dizer, para entrar em uma dimensão mais pessoal que a antropologia favorece, sempre mais, a minha amizade com Waldenyr e que ela se caracterizaria inicialmente através deste tipo de sensibilidade transnacional, desde o primeiro momento em que fui recebê-lo no aeroporto de Roma a pedido de uma amiga em comum: Olgaria Matos. Nós dois éramos "jovens-sem-tempo" e nos reconhecemos subitamente porque falávamos de Tom Waits, Gigliola Cinquetti, de Chico Buarque e John Coltrane. Ouvíamos estas músicas que se transformavam em nosso próprio corpo: em uma sensibilidade de ouvir e de mover o corpo, de olhar e de olhar-se, de ter uma curiosidade infinita sobre a maravilha que se estava criando para se favorecer a progressiva liberdade. Por esse motivo é que a música é jovem. Neste sentido ela não está ligada a um tempo com data marcada de vencimento, mas ao contrário, ela abre oportunidades à personalidade de cada um graças ao que se ouve e nos move.

É tempo de pôr em discussão a referida "quarta dicotomia": aquela questão de gerações que opunha pais e filhos. Porque a audição é movimento e mutação. E os panoramas musicais aqui analisados são partes constitutiva de novos acordes: acordes não só entre notas, mas também entre corpos, entre escrituras, entre visões.

Massimo Canevacci

Professor da *Università di Roma "La Sapienza"*

Introdução

Quando resolvi pesquisar sobre a cultura da juventude dos anos 50 a 70, não estava pensando nos jovens daquela época e hoje senhores. Meu objetivo é trazer informações e análises à nossa mocidade, aos meus alunos da Universidade de São Paulo, à moçada das grandes "baladas" e aventuras próprias da sua idade e do seu tempo, aos jovens dos escritórios, aos *office-boys* motoqueiros ou não, entre tantos outros que possam ter acesso a esta leitura. Havia, nessa época, toda uma efervescência cultural e política que revolucionou hábitos, costumes, tradições, relações familiares, normas sociais, enfim, uma verdadeira transformação comportamental que se reflete ainda hoje nesta juventude. Este, sim, foi o maior estímulo para escrever este livro.

Ao contrário de trabalhos anteriores, tive uma preocupação a mais com esta redação. Sem prejuízo da análise prospectiva e da pesquisa voltada para o saber científico, procurei, sempre que possível, tornar o texto mais acessível, não só ao jovem de formação universitária, como também a qualquer pessoa que possa se interessar pelo tema. A experiência foi muito boa, mas o resultado final, ainda melhor. Ao concluir a redação, senti a segurança de que a linguagem de fácil intelecção tem mais força e apelo ao leitor do que a prolixidade bem intencionada, muito embora nem sempre necessária.

Assim é que, desde 1996, quando retomei a docência das disciplinas "Teoria da Comunicação" e "Realidade Sociopolítica Brasileira", senti-me motivado a estudar a cultura da juventude de forma mais sistemática. Isto porque, durante nossas aulas, sempre que chegava o momento de falar sobre os anos 50 a 70, o interesse dos alunos era e continua sendo muito grande. Certamente há algo a mais nessas décadas que atraem as gerações posteriores. Um dos aspectos é, sem dúvida, o caráter audacioso e transgressor de boa parte da juventude daquela época. Muitos adjetivos já foram usados para identificar o comportamento da geração dos anos 50. Criou-se até a imagem de que eram jovens "rebeldes sem causa", com a qual não concordo e aqui explico o porquê. Foram eles, de fato, os primeiros a reivindicar de forma mais consistente, com argumentos mais convincentes a liberdade e o direito de decidirem sobre si mesmos. A tutela patriarcal começaria a ser questionada e rechaçada por aquela juventude que só queria se sentir livre das amarras conservadoras. Este fato, por si só, já seria suficiente para se perceber que aquela geração não se daria por feliz, apenas porque seu país (os Estados Unidos da América) vivia um período de grande prosperidade econômica pós-guerra.

Nesse momento, a sociedade tradicional, protetora por conveniência e para exercer o controle social, sentiria os primeiros abalos em sua sólida estrutura. O *rock'n'roll*, maior e mais revolucionário movimento musical que conhecemos, surgiria nessa década. Precisamente a partir desse instante, a cultura da juventude passaria a viver sua mais fantástica aventura lúdica. E o cenário do início dessas mudanças foi a sociedade norte-americana, logo após a Segunda Guerra Mundial. Tudo começaria em 1954, quando "Bill Haley e seus cometas" gravaram a antológica canção *Rock Around the Clock*. Presenciaríamos, a partir desse momento, uma verdadeira ruptura comportamental dos jovens que atravessaria o tempo, permanecendo até nossos dias. É claro que as instituições conservadoras iriam reagir contra todo esse impacto. O *rock'n'roll* e seus criadores foram acusados por políticos e religiosos de rebaixar o homem branco ao nível inferior do homem negro, de transformar os jovens em demonólatras e de serem obcecados por sexo. Todas essas estultices, porém, justamente por serem inconsistentes, desapareceriam na poeira do tempo. O *rock'n'roll*, ao contrário, veio para ficar e se tornar o grande ritmo da juventude em todo o mundo. Posturas dessa ordem, preconceituosas, não acrescentam nada, além da desagregação e da intriga.

Nessa época também estava em evidência a chamada "geração *beat*". Poetas como Allen Ginsberg, Jack Kerouac, Lawrence Ferlinghetti e Gregory Corso, entre outros, já clamavam por justiça social, contra a segregação racial e viviam intensamente a vida boêmia, recitando seus poemas nos *coffee-shops* de *Greenwich Village*. Esses jovens poetas tinham um incrível fascínio pela chamada cultura *underground*, e na mesma proporção, forte recusa ao *establishment*. A rigor, não era uma geração interessada em ideologias, muito menos em política. Contestar o Estado e os valores sociais passaria a ser o grande e necessário papel daqueles jovens insatisfeitos com a falta de liberdade, mas também por uma questão de auto-afirmação como cidadãos. Começaria a surgir, nesse momento, uma espécie de novo *ethos* cultural da juventude. Menos subserviente e mais determinada a lutar por sua liberdade e identidade social. O grande impulso de que precisaria para isso, não há dúvida, veio mesmo da fantástica força bruta e ao mesmo tempo sensual do *rock'n'roll* e da irreverência e despojamento da cultura *beat*. De outra parte, é evidente que o momento histórico e a opulência da sociedade americana foram dois fatores de estímulo àquela juventude para se livrar da asfixia social e comportamental até então vigentes.

Se no plano internacional vivíamos os sombrios momentos da "guerra fria", no Brasil o governo do presidente Juscelino Kubitschek (1956-1960) colocava em prática, de forma moderada e segura, seu famoso "Programa de Metas" cujo objetivo era tornar nossa economia mais sólida e competitiva. As prioridades se concentravam em investimentos na indústria de base, na educação, na energia, nos transportes, na agricultura e na construção de Brasília. O êxito do seu projeto não foi pleno, é verdade, mas tornou-se suficientemente bom para transformar o país e melhorar as precárias condições da população.

A construção de Brasília e o desenvolvimento industrial marcariam fortemente o governo de Juscelino. É a partir desse momento que podemos, de fato, falar de um parque industrial em nosso país. No planalto central surgiria a figura do "candango", formada em sua grande maioria por operários vindos dos estados nordestinos para trabalhar na construção da futura nova capital do país. Em três anos e meio o projeto de Brasília saiu das pranchetas dos arquitetos Lúcio Costa e Oscar Niemeyer, para se transformar na nova capital federal e na concretização de um sonho brasileiro alimentado desde fins do século XIX.

Mas, é ainda na década de 50 que as comunicações passariam por grandes transformações em nosso país. Com a inauguração da TV Tupi de São Paulo, às 22 horas do dia 18 de setembro de 1950, apresentando o primeiro programa da TV brasileira sugestivamente intitulado "TV na Taba", começaria a grande revolução no cotidiano lúdico da sociedade brasileira. Pode parecer irônico, mas seríamos o quarto país a ter televisão. Antes de nós, apenas os Estados Unidos, a Inglaterra e a França já tinham implantado seu sistema. A partir desse momento, cada vez mais o entretenimento da população se dividiria entre o rádio e a televisão. Este fato, como mostro mais adiante, teria significativa importância nos hábitos, costumes e comportamentos da juventude nessa década, permanecendo até nossos dias.

Ainda que reticentes, os empresários começariam a usar a televisão como veículo de propaganda de seus produtos. Alguns, no entanto, consideravam este investimento uma temeridade. Até porque, não havia nenhuma garantia de que o retorno viesse a curto prazo. Mas é nesse clima de transformações que a TV Tupi apresentaria a primeira telenovela brasileira. Trata-se de "Sua Vida me Pertence", lançada em dezembro de 1951. Passado mais de meio século, a telenovela reina soberana ao transformar-se no mais importante produto da cultura lúdica no Brasil, pelo menos em termos de público. Pouco depois, porém, a programação da televisão brasileira iria se diversificar. Surgiriam programas humorísticos, os filmes, os noticiários e os musicais, entre outras atrações.

É nesse momento que os jovens teriam programas musicais inteiramente dedicados a eles. Até porque, a partir de 1956, com a chegada do *rock'n'roll* ao Brasil, as emissoras de televisão criariam programas especialmente voltados para a nossa juventude, tendo como base este novo estilo musical. Foi isso o que fizeram, por exemplo, as recém-criadas TV Record, o Canal 5 das Organizações Victor Costa em São Paulo e a TV Rio. Todas elas abririam espaço em sua programação para ganhar audiência de um público jovem interessado em *rock'n'roll*, mas também no que citamos anteriormente, no tocante a um novo *ethos* cultural da juventude.

É nessa época, e justamente durante o governo de Juscelino Kubitschek, que teríamos uma grande efervescência cultural em nosso país. É quando surge a Bossa Nova, o mais importante movimento musical já ocorrido entre nós. O *rock'n'roll* coexistiria com este expressivo momento da música popular brasileira. Embora fossem dois estilos musicais completamente diferentes, havia um público jovem aficionado por ambos, sem que isso significasse uma rivalidade entre a Bossa Nova e o *rock'n'roll*. Os veículos de comunicação da época sempre colocaram esses dois estilos musicais em oposição e confronto. Algo assim como se houvesse, de fato, uma competição e disputa de audiência e de público entre ambos.

Na verdade, nunca houve realmente esta rivalidade, a não ser pequenos atos isolados, superficiais e sem importância. E quando analisamos de forma mais contundente este momento, constata-se uma criação artificial dos *media* interessados muito mais nas fofocas e mexericos, do que na efervescência cultural por que passava nosso país. A população brasileira era em sua grande maioria formada por jovens até 23 anos. Uma parte significativa dessa juventude, pelos mais diversos e variados motivos, se afeiçoara à Bossa Nova. Em sua maioria eram jovens da classe média, de nível universitário ou de formação escolar mais sólida e que muitas vezes se auto-intitulavam mais exigentes no tocante às questões estético-musicais. Eles preferiam os suaves acordes "bossanovistas" e os poemas sobre o sol, o mar, o amor, a dor, a flor e o prazer da sedução do flerte.

Um contingente não menos expressivo se deleitava com a energia e a força selvagem do *rock'n'roll*. Pode-se dizer que nessa época a imagem internacional dos Estados Unidos, de onde viera este ritmo, ainda não era a de um país imperialista e de política internacional invasiva, agressiva e hostil. As conotações político-ideológicas ainda eram uma força a emergir entre a juventude brasileira. Assim, pode-se dizer que, pelo menos entre a população jovem, *rock'n'roll* e Bossa Nova tiveram receptividades idênticas. Se equivaleriam na preferência popular da nossa juventude.

É nesse momento que se criam as bases do *rock'n'roll* brasileiro. Jovens como os irmãos Tony e Celly Campello, Sérgio Murilo, George Freedman, Cleyde Alves, Carlos Gonzaga, o conjunto Os *Golden Boys* formado por quatro irmãos e um iniciante chamado Roberto Carlos, começariam a gravar os primeiros *rock'n'rolls* compostos no Brasil e algumas versões das músicas de Elvis Presley, Bill Haley, Little Richard, entre outros. Nesse período, teríamos ainda a versão *light* do *rock'n'roll* que ficaria conhecida como "rock balada". Era um estilo mais romântico, de andamento musical mais suave e teve nos compositores-cantores Paul Anka e Neil Sedaka seus representantes mais importantes. Este é o momento que poderíamos mesmo chamar de "arqueologia" do *rock'n'roll* brasileiro.

Estava em grande evidência entre a juventude brasileira o uso do radinho portátil a tiracolo para exibi-lo como atribuição de *status*, a moda do vestido tubinho a evidenciar ainda mais a sensualidade feminina, a presença da calça rancheira (atual *jeans*) especialmente para os rapazes e, em São Paulo, o indefectível flerte ao longo de toda a Rua Augusta. Não se pode esquecer ainda das matinês nos cinemas do centro da cidade, onde as melhores orquestras se apresentavam antes do início do filme, dos grandes programas de rádio e do forte e marcante início da televisão em nosso país. Todos esses acontecimentos, enfim, estabeleceriam novos hábitos, costumes e comportamentos da juventude em nosso país. E o mais significativo é que toda essa efervescência vivida naquela época desperta enorme interesse nos jovens de hoje.

Este mesmo fato ocorre quando inicio as análises sobre a cultura da juventude nos anos 60. Necessariamente, nesse momento, passo a explicar a presença e o significado da contracultura nos Estados Unidos, Europa, América Latina e mais especialmente no Brasil. De início, é preciso localizar historicamente o que aconteceu no contexto mundial, para podermos entender por que os jovens assumiriam comportamentos bem mais incômodos ao Estado do que as gerações anteriores. A novidade em tudo isso ficaria por conta de uma expressiva parcela da juventude que, a partir da interpretação dos fatos históricos e dos acontecimentos políticos, passaria a rechaçar toda a concepção de Estado e sociedade vigentes. Esta recusa é o elemento fundamental de incompatibilidade entre o *establishment* e os jovens dessa época. Eles consideravam que as instituições e as formas do Estado se relacionar com a sociedade estavam completamente ultrapassadas e obsoletas.

É nesse momento, como mostram os estudiosos desse período, que surge com mais força o que se convencionou chamar de "conflito de gerações". Para aqueles jovens, a cultura oficial, a forma de organização social, o excessivo controle do Estado sobre o indivíduo, a racionalidade científica, o modelo de Universidade, o excesso de burocracia, entre tantas outras coisas, deveriam ser recusados. Eles reivindicavam novas formas de procedimento social, novas alternativas políticas, culturais e econômicas. Em outros termos, propunham uma cultura inteiramente desvinculada do que estabelece o comportamento convencional e sem a identidade com os paradigmas e cânones oficiais. E aqui, a bem da verdade, os jovens estavam de fato insatisfeitos com aquele modelo de sociedade e desejavam mudanças de base. Eles certamente tinham suas razões para isso e elas são discutidas neste livro.

O problema, no entanto, é que eles não tinham um mínimo de organização, nem para reivindicar mudanças, nem para implantá-las. Além da evidente e esperada resistência do Estado conservador a qualquer inovação política e administrativa, a própria juventude não sabia exatamente o que queria nem por onde começar a sonhada transformação da sociedade. Até porque, e era mesmo natural, não havia uma homogeneidade de aspirações e objetivos entre os jovens. Tanto é assim, que o próprio movimento da contracultura apresentava diferentes formas de interpretar as relações entre Estado e sociedade. Se uma considerável parcela da juventude desejava reformas políticas de base e até mesmo a substituição radical do regime político, outra parte nem tomava conhecimento dessas pretensões.

Os *hippies*, por exemplo, um dos segmentos mais conhecidos da contracultura, em sua maioria não era politizada o suficiente para reivindicar novo sistema de governo. A sua recusa era empírica e apenas implícita no grande desejo de liberdade. Ao contrário de uma outra parcela de jovens mais atentos às questões sociopolíticas, eles não tinham propriamente uma ideologia política que norteasse seu comportamento. As contestações ao consumo, à sociedade de massa e à própria instituição da família não implicavam necessariamente a recusa ao capitalismo. Na verdade, os jovens *hippies* tinham muito mais identidade comportamental com a chamada *beat generation*, do que propriamente com aquela parcela da juventude politizada, cujo objetivo era mesmo a substituição do regime capitalista pelo comunismo. Em outras palavras, a recusa radical à sociedade de classes.

Nessa época, no centro dos grandes debates nas Universidades, emergiriam teorias que iriam influenciar sensivelmente os destinos da contracultura, especialmente (mas não só) dessa vertente mais intelectualizada e politizada. A retomada das concepções teóricas marxistas foi determinante nesse momento. Ao mesmo tempo, a grande agitação cultural nas Universidades em toda a Europa e Estados Unidos (no Brasil também), trouxe acontecimentos importantes na formação da contracultura. E mais do que isso, ela reverberaria por toda a década de 60 e 70 com o mesmo vigor do seu início. Pode-se dizer com bastante segurança que o protesto, a contestação, a criticidade e a rebeldia são os pilares onde se fundam o comportamento e a cultura da juventude ou, pelo menos, boa parte dela. Podemos entender, ainda, que a irreverência e o próprio ato de transgressão são partes integrantes de um conjunto inerente a essa cultura. Contestar, chocar com palavras ou comportamentos não-convencionais, transgredir e fugir do *déjà-vu* era bem o estilo dos jovens da contracultura nos anos 60 e 70.

De outra parte, foram essas gerações que, sem dúvida, consolidaram o caráter mais combativo, crítico, questionador, não-conformista e contestador da juventude de hoje, muito embora as bases desse comportamento esteja lá nos anos 50 com os *beatnicks*. O grande mérito dos jovens da contracultura, se assim podemos dizer, foi dar a esse comportamento rebelde uma conotação sociopolítica de recusa ao *establishment*, às formas burocráticas autoritárias e ao modelo de estado tecnocrático implantado pela política de resultados do capitalismo. É nessa perspectiva que incorporam-se ao *ethos* cultural da juventude, a contestação, a combatividade, a rebeldia, o protesto e a irreverência.

Disso nasce, fundamentalmente, o desejo de transformação social por parte desses jovens que, de forma quase sempre bem-humorada e festiva, tratam com muita seriedade os problemas, desvios e disfunções do Estado para com a sociedade. Observador de tudo isso, o jovem não se omite diante dos fatos. Não falta à sua responsabilidade cívica e política. Ele vai à luta com o vigor, a energia e a irreverência próprios da sua idade. Algumas vezes, é bem verdade, comete erros decorrentes muito mais do excesso de voluntariosidade, do que pela causa a defender ou a reivindicar.

Certamente a juventude pode até agir de forma desorganizada e em alguns momentos usar de métodos não convencionais e equivocados. Isto é possível e acontece mesmo algumas vezes. Porém, ela não age arbitrariamente nem é irresponsável em seus atos, como em certos momentos as autoridades gostariam que acreditássemos. No fundo, nem mesmo esses senhores crêem em suas palavras, mas eles precisam, pelo menos, tentar deslegitimar publicamente as críticas e denúncias que a juventude faz das diversas improbidades cometidas pelos políticos e seus tecnocratas contra o Estado e a sociedade.

I

Das origens do *rock'n'roll*

Iniciar um trabalho sobre a cultura da juventude falando do *ragtime* e do *jazz* pode parecer algo desconexo. Mas não é. Se pesquisarmos a fundo, veremos que as origens históricas do *rock'n'roll* a partir de um certo momento estão indissociavelmente ligadas a esse ritmo. No início, ainda na segunda metade do século XIX, reinava soberano o *ragtime*. A cidade de Sedalia, ao sul do estado do Missouri, concentrava a grande força musical dos ritmos afro-americanos e para lá convergia grande parte dos músicos desse estilo. Foi o caso, por exemplo, de Scott Joplin (nascido em 1868 no Texas), compositor pianista de grande prestígio, que trabalhava o *ragtime* com admirável desenvoltura. Como era um ritmo precedido de composição musical, logo Joplin iniciaria a subversão do próprio estilo musical, fazendo improvisações ao piano, bem ao estilo do que já se fazia com a música afro-americana em outras partes dos EUA, mas sem a repercussão estética de Sedalia.

Assim, costuma-se dizer que o *jazz* nascido em Nova Orleans é o primeiro ritmo essencialmente livre, isto é, sem partitura devidamente estruturada e pré-concebida. O músico não obedece, necessariamente, à pauta musical que está à sua frente. Ele improvisa, dando plena liberdade à sua criatividade naquele momento. A interpretação torna-se imprevisível, embora o músico líder não perca a linha melódica. Ele entra e sai dessa mesma linha melódica, mas mantém a intensidade rítmica.

Nesse sentido, o *jazz* realmente se diferencia do *ragtime*. Com exceção de Scott Joplin, que muitas vezes improvisava, este ritmo era bem mais comportado. Obedecia a critérios de composição pianística com unidades formais bem concatenadas, muito semelhantes às valsas clássicas daquele século. Convém registrar, ainda, que o *ragtime* precede ao *jazz*. Antes mesmo do surgimento desse ritmo em Nova Orleans, o *ragtime* já acontecia nos bares e na boemia de Sedalia. Sabe-se ainda que o *jazz* aparece quase simultaneamente, mas em diferentes estilos, em outras cidades americanas. Dallas, St. Louis, Kansas City, Memphis e outras cidades do Sul e do Oeste. Este não é um fenômeno tão singular. Como em outras ocasiões e sobre outros temas, é possível (e isso ocorreu com o *jazz*) "que diferentes pessoas e em diferentes lugares cheguem aos mesmos resultados artísticos independentemente umas das outras"[1].

Mas, é ao longo da sua trajetória evolutiva ou simplesmente de transformação (não é o caso de avaliar agora) que, na década de 40, surge um novo estilo de *jazz* chamado *Be-Bop*. Palavra onomatopéica que, nesse caso, explica muito pouco. Aliás, a própria origem dessa expressão neste ritmo é desconhecida. Há muitas hipóteses, mas nenhuma convincente. Algo assim como o nome "Bossa Nova" na música popular brasileira. Muitas versões, mas nada realmente crível. Tecnicamente, porém, este ritmo passaria a usar acordes de transição, tornando suas notas mais dissonantes. As formas primitivas cediam espaço às variações com efeitos harmônicos mais elaborados. O *jazz* parece, de fato, aperfeiçoar-se. Há agora uma nova estética musical, que se diferencia sensivelmente do *Ragtime* e das outras formas jazzísticas existentes.

Ao analisar essa questão, Berendt acrescenta que "são características para os movimentos acústicos do *Be-Bop* as frases vertiginosas e nervosas, que às vezes parecem ser já meros fragmentos melódicos. Elimina-se qualquer nota desnecessária.

---

1. Esta é a apreciação que o pesquisador alemão Joachim Ernst Berendt faz em seu livro, *El jazz*, México, Editora Fondo de Cultura, 1962, p. 15, sobre o surgimento simultâneo de estilos musicais muito parecidos com o *jazz*.

A Cultura da Juventude

Tudo se comprime na menor medida possível. Em certa ocasião disse um músico de *Bop*: 'tudo o que se subentende se deixa fora'. Muitas dessas frases se convertem assim em chaves para maiores avanços musicais."[2]

Como quase sempre ocorre em situações como esta, houve uma reação à sofisticação do *jazz* através do *Be-Bop*. Estava deflagrada a resistência ao novo e às inovações estéticas nesse estilo musical. Isto é natural e há diversos outros exemplos anteriores e posteriores ao do jazz. Apenas para ficar no âmbito da cultura brasileira, quero lembrar o impacto causado pelos modernistas na Semana de Arte Moderna de 1922, no Teatro Municipal de São Paulo. E, mais recentemente, a grande revolução estético-musical da Bossa Nova nos anos 50 e do Tropicalismo na década de 60.

Nos Estados Unidos, no entanto, este *revival* pelo *jazz* mais tradicional teria leves conotações étnico-culturais. O *Be-Bop* passaria a ser prestigiado, sobretudo, mas não só, pelos músicos negros. Durante certo tempo, justamente em face das inovações, esse estilo musical apresentava uma branda, mas perceptível, divisão étnico-musical. De um lado, o *jazz* mais tradicional ainda muito próximo do *swing* e do próprio *Ragtime* representava, apenas implicitamente, o *jazz* mais solicitado por setores da população branca. De outra parte, o *Be-Bop* era um ritmo bem mais próximo da população e dos músicos negros, especialmente em Nova Orleans, onde surgiram as inovações. Apresso-me em registrar, no entanto, que este quadro nunca significou uma segregação racial. Longe disso. Até porque essa divisão não obedece a uma lógica tão clara como de início possa parecer. Alguns músicos negros continuariam com o *jazz* tradicional e uma parte dos brancos aderiu ao *Be-Bop*. A rigor, eram poucos os músicos brancos e negros que transitavam pelos dois estilos musicais. De certo modo, esse comportamento teria dado sua contribuição contra a segregação racial que, apesar de tudo, só seria considerada oficialmente ilegal pelo governo

---

2. Berendt, Joachim Ernst. Op. cit. P.36

americano em 1954. Nesse ano, Earl Warren, juiz presidente da Suprema Corte Americana sancionaria a lei anti-racismo. Em 1945, os acordes jazzísticos anunciam o fim da Segunda Guerra Mundial. A vanguarda representada pelos sons do *Be-Bop* consolidava seu trabalho inovador, indo exatamente ao encontro do clima de otimismo vivido pela sociedade americana logo após a guerra. Ao contrário dos países europeus, especialmente França, Alemanha, Inglaterra e Itália, que saíram economicamente fragilizados desse grande conflito, os Estados Unidos se fortaleceram ainda mais. Convergiam para este país os grandes investimentos do capital internacional. De lá para cá, a opulência passaria a caracterizar ainda mais a sociedade americana. Esta hegemonia se faria presente também no plano cultural, especialmente no tocante à música popular. O *jazz*, mesmo antes da Segunda Guerra Mundial, já internacionalizara-se. As boates parisienses em Saint Germain-des-Près apresentavam a agitação do *Be-Bop*, mas já mesclando-o com o estilo equilibrado e *cool*, que seria mais tarde consagrado pelas interpretações de Miles Davis ao trompete.

Mas é na década de 50 que a prosperidade americana se faz mais notória ainda. Quando Alexis de Tocqueville[3] faz suas críticas à sociedade moderna do século XIX, seu ponto de partida eram algumas metrópoles americanas, especialmente Nova York. Neste período, este país já apresentava para a época (mas também é claro, em nossos dias), o modelo mais bem acabado do que hoje entendemos por sociedade de massa. Não cabe aqui uma apreciação mais detalhada do tema, mas posso dizer que há vasta literatura sobre ele.[4] Quase sempre vamos encontrar uma análise crítica da chamada sociedade de consumo e do termo *massa*.

---

3. Em seu livro *A Democracia na América*, Aléxis de Tocqueville analisa as transformações por que passaria a sociedade americana ainda no século XIX, caminhando em direção ao que mais tarde outros teóricos chamariam de sociedade de massa.

4. A literatura sobre este tema é especialmente vasta. Alguns clássicos como Ortega y Gasset, Dwight MacDonald e Theodor W. Adorno devem ser lidos. Dos contemporâneos, deve-se ler Jean Baudrillard, Anthony Gidens e Pierre Lévy, apenas para começar.

A Cultura da Juventude

Pois é também no início dos anos 50 que surge o *rock'n'roll*. O maior e mais revolucionário movimento musical que conhecemos. Ou, quando menos, o estilo musical de maior apelo popular entre a juventude. Não dá para negar porque é um fato real. Não por acaso, é também um ritmo extremamente híbrido e democrático, que soma a colaboração de brancos e negros em seus mais diversos estilos musicais. A notória influência do *jazz* (be-bop), da *country music*, do velho *blues*, da *western music*, do *rhythm and blues* e das canções *gospels* hibridizam-se naquilo que conhecemos por *rock'n'roll*. Esta expressão foi criada por Alan Fred, um DJ americano (na época chamava-se *disc-jóquei*) em 1951 e por isso alguns críticos o chamaram de "pai do *rock'n'roll*".

Todavia, se pensarmos bem, mais importante que o título do ritmo são as personagens que deram a magnitude alcançada por esse estilo musical em todo o mundo. Aqui, precisamente a partir deste momento, a cultura da juventude passaria a viver sua mais fantástica aventura. Assim é que em 1954, "Bill Haley e seus Cometas" gravaram a música *rock around the clock*, iniciando a grande revolução estética do gosto musical da juventude. Mas não parou por aí. Este acontecimento transformou-se em uma verdadeira ruptura comportamental. As relações familiares mudariam sensivelmente, os jovens se tornariam mais reivindicativos quanto à sua liberdade e a autoridade patriarcal começava a enfrentar problemas. Já não era mais tão inquestionável como anteriormente. É evidente que só "Bill Haley e seus Cometas" e sua *rock around the clock* isoladamente não fariam toda esta revolução. Outros talentosos jovens como Carl Perkins, Chuck Berry, Fats Domino, Buddy Holly, a dupla Everly Brothers, Little Richard, Jerry Lee Lewis e Elvis Presley, sem dúvida, o maior deles, foram igualmente importantes. Eles ajudariam a consolidar, através da sua música, tudo aquilo que a juventude desejava transformar, mas ainda não havia encontrado o caminho e nem como fazê-lo.

Não por acaso, as instituições conservadoras da sociedade americana reagiram com truculência e desespero aos primeiros

Das origens do *rock'n'roll*

sinais impactantes desse ritmo. Em maio de 1956, Asa Carter, secretário e porta-voz do Conselho do Cidadão Branco do Norte do Alabama, assim se manifestava: "através do *rock'n'roll*, o homem branco se rebaixa a um nível inferior ao do homem negro. O *rock'n'roll* é parte integrante de um complô para solapar a moral da juventude do nosso país. Tem caráter sexual, imoral e é o melhor caminho para misturar ambas as raças."[5] Não bastasse o inominável e preconceituoso comentário do Sr. Secretário Carter, teríamos ainda mais um tosco pronunciamento, desta vez do reverendo Albert Carter, da Igreja Pentecostal da Inglaterra: "o efeito que o *rock'n'roll* produz nos jovens é o de convertê-los em demonólatras, o de estimular sua expressividade através do sexo."[6]

Posturas dessa ordem não acrescentam nada, além da desagregação e do preconceito. A sexualidade é um valor da natureza humana. Ela é tão antiga quanto a própria existência do homem. Aprendemos com as obras de Sigmund Freud e Wilhelm Reich, mas também com teóricos contemporâneos, como Michel Foucault[7], que a repressão sexual, especialmente na infância e na adolescência, objetiva, entre outras coisas, formar uma estrutura de personalidade que incorpore sem questionamentos os valores sociais tradicionais da sociedade. Ora, esta é uma questão fundamentalmente ideológica e, como tal, o Estado não permite a subversão pura e simples dos seus valores. Para isso, justamente, como nos mostra o filósofo Louis Althusser, é que os Estado possui seus aparelhos ideológicos. A família, a religião, a escola e a grande *media* são apenas alguns deles. Em certos momentos, quando solicitados, eles reforçam os valores do *establishment*. A repressão sexual não interessa a ninguém que seja bem intencionado. A rigor, nem ao próprio Estado que,

---

5. Citação contida no livro de Rolf-Ulrich Kaiser, *El Mundo de la Musica Pop*, Barcelona, Barral Editores, 1971, p. 50.

6. Kaiser, Rolf-Ulrich. Op.cit. p. 50.

7. Da obra de Sigmund Freud deve-se ler *Três Ensaios sobre a Teoria da sexualidade* e o *mal-estar na Civilização*, ambos publicados pela Imago Editora, Rio de Janeiro, 1973 e 1974, respectivamente. De Wilhelm Reich, o melhor para este tema é *O combate sexual da juventude*, São Paulo, Edições Epopéia, 1986. De Michel Foucault, a leitura obrigatória é *História da sexualidade*, Rio de Janeiro, Edições Graal, 1977.

quase sempre representado por políticos despreparados e alguns deles oportunistas, permanece hermético à discussão de novos valores sociais que se sucedem com as novas gerações. Reprimir nunca será a melhor atitude, especialmente em se tratando de um fato inerente à natureza humana. A repressão sexual cria barreiras psicológicas intransponíveis contra o saber e o conhecimento. Prevalecem os tabus, os ensinamentos estereotipados e moralistas. A estrutura de pensamento e a reflexão resultam comprometidas.

Quanto aos então roqueiros do início dos anos 50, é evidente que eles não tinham nenhum objetivo em fazer a revolução sexual dos jovens. Os senhores Asa Carter e Albert Carter estavam equivocados. Da mesma forma que eles enxergavam promiscuidade e vandalismo sexual no *rock'n'roll* e seus roqueiros, significativa parcela da sociedade americana também os desaprovava. De outra parte, se o *rock'n'roll* representado por seus criadores não teve a intenção deliberada de fazer a revolução sexual entre os jovens, já não se pode dizer que tudo permanecia igualmente como antes. A cultura da juventude realmente começava a mudar. Tanto é assim, que esse estilo musical teve um papel importante servindo, espontaneamente, como uma espécie de antídoto à repressão sexual não só dos jovens, mas de toda a sociedade americana. É preciso não esquecer, por exemplo, que o próprio Estado americano acirrava ainda mais o seu conservadorismo. É dessa época o *macartismo*. Uma verdadeira caçada aos opositores da política do governo. Não havia liberdade de expressão, muito menos de opção política. O lema era: *better dead tham red* ("antes morto que comunista"). Diante desse quadro, uma pergunta torna-se inevitável: com esta política tão repressora, haveria espaço para que jovens talentosos apresentassem suas músicas e toda a sensualidade advinda do som e da coreografia do seu trabalho? A resposta, caro leitor, nem precisa ser formulada, você já sabe.

Mas, talvez a maior prova da espontaneidade e conseqüente rebeldia dos jovens contra o *establishment* esteja mesmo nas palavras de Chuck Berry, um dos grandes roqueiros daquela época.

Das origens do *rock'n'roll*

Ele é, provavelmente, o mais *bady boy* de todos os talentosos jovens que detonaram o comportamento reprimido da juventude americana nos anos 50. Mesmo assim, quando indagado pela grande imprensa sobre seu desempenho no palco, atípico para aquela época, negaria que suas atuações tivessem objetivos intencionalmente sexuais. Diz ele: "porque quando os adolescentes começaram a fixar-se em mim, tive que cuidar muito da minha forma de atuação. Do contrário, seus pais não autorizariam mais os seus filhos a assistirem meus shows."[8] O depoimento de Berry mostra, claramente, que a coreografia sensual do *rock'n'roll* não era algo premeditado e sim espontâneo. Tanto é assim que, quando questionado publicamente, isto é, através da grande imprensa, resolveu fazer a *mea culpa*, cuidando melhor da sua performance sendo mais contido e discreto, para não chocar a família dos fãs.

Mas, de todos os roqueiros, Elvis Presley foi o que deu maior sensualidade ao *rock'n'roll*. Não por acaso, recebeu da grande imprensa o apelido de "Elvis de Pelvis". Suas apresentações no palco se transformaram em verdadeiros êxtases coletivos. Com uma estampa bonita e sensual, requebrando de forma extremamente lasciva, erótica, aguçava a libido de suas fãs que, sem outra alternativa, só poderiam sublimar a figura do seu grande ídolo. O talento, o carisma e uma sensualidade de saltar aos olhos, fizeram de Elvis Presley o mais importante dos precursores do *rock'n'roll*. Pode-se dizer mesmo que ele foi a primeira grande personalidade desse estilo musical. E, mais do que isso, o ponto de partida para o que viria depois como, *The Beatles, Jimi Hendrix, Rolling Stones, The Doors*, Jim Morrisson, Joe Cocker, tantos outros e Woodstock. Esta última, a consolidação da rebeldia da juventude, da utopia, da "paz e amor", dos sonhos e das "viagens" psicodélicas. Aquele momento foi de crucial importância para a cultura da juventude em todo o mundo. Foi a consolidação da ruptura comportamental que já se iniciava lá no final dos anos 50. Os jovens adotaram a transgressão

8. Kaiser, Rolf-Ulrich. Op. cit. p. 49.

A Cultura da Juventude

como norma de conduta e passariam a julgar a geração dos seus pais e o bom-mocismo prevalecente da época. E é justamente com o festival de Woodstock, nos dias 15, 16 e 17 de agosto de 1969, que o movimento da Contracultura dos anos 60 atinge seu ponto mais importante, especialmente com os jovens adeptos do que se chamaria de "cultura *hippie*", da qual falaremos mais adiante.

Sobre Elvis Presley, é provável que a melhor síntese da sua importância para o *rock'n'roll* esteja nesta frase de John Lennon: "nada me afetou, até o dia em que ouvi Elvis." Há, no entanto, algumas ambigüidades de comportamento em sua trajetória, que merecem registro. Embora ídolo de outros roqueiros famosos de sua época, ele não tinha qualquer identidade com seus colegas, que não fosse o *rock'n'roll*, onde realmente era a figura ímpar. Os *Beatles* e os Rolling Stones, por exemplo, sempre declararam profundo respeito e admiração por Elvis Presley, por sua competência, sua força e energia magnetizante sobre os palcos. Em seus *shows*, ele levava a platéia a uma verdadeira catarse coletiva. Mas diferentemente de seus colegas contestadores, que lutavam contra a injustiça social e a política imperialista americana, Elvis era um homem do *establishment*. Politicamente, sempre procedia de duas formas: ou omitia suas opiniões, ou defendia medidas tomadas pelo governo, mas nada simpáticas à juventude e aos roqueiros contestadores. Ainda assim, politicamente conservador, seu prestígio permanecia inabalável.

Vivíamos uma época em que contestar o Estado e os valores sociais passaria a ser o grande e necessário papel dos jovens insatisfeitos com a falta de liberdade. Começaria a surgir, nesse momento, uma cultura política da juventude. Em minha opinião, um dever de ofício pelo seu compromisso com a História. E a despeito do seu temperamento conciliador, não há dúvida de que, em certos momentos, Elvis não tinha nenhuma chance de se preservar. Como ídolo maior e politicamente conservador, amiúde era solicitado pela grande imprensa a falar das coisas mais banais às mais sérias. Como grande parte das figuras públicas, ele também sempre se preocupou com sua imagem. Mas, no momento em que era solicitado a expor suas idéias, via-se obrigado a contrariar parte da opinião pública para ser honesto consigo mesmo. Ao longo do tempo, claro, como seria previsível, enfrentou problemas, especialmente por suas posições políticas.

Em que pese todos esses aspectos, o talento e o prestígio de Elvis atravessaram o tempo e a sua imagem consolidou-se como o grande emblema e a referência máxima do *rock'n'roll*. A história desse ritmo é também a própria história de Elvis Aaron Presley. Não há como separá-las. Poderíamos ainda dizer, que a história de Elvis é a própria historia do *rock'n'roll* e estaríamos corretos da mesma forma. Nem seu período de serviço militar na Alemanha (março de 1958 a março de 1960), nem seus desencontros matrimoniais (em um espaço de 10 anos casou-se três vezes) chegaram efetivamente a abalar sua carreira. Com o passar do tempo, no entanto, Elvis não iria suportar o ritmo alucinante e o desvario que é a "roda-viva" do universo da fama em seu estágio mais elevado.

De certo modo, o jovem Elvis não estava preparado para tanta fama em tão curto espaço de tempo, como ocorre ainda hoje com alguns talentos que se perdem no caminho. No início da sua carreira, em julho de 1954, realiza para o selo Sun Records, sua primeira gravação. Com a música *That's All Right* tornar-se-ia, muito rapidamente, conhecido e solicitado pelos fãs em Memphis. Apenas dois anos depois, em 1956, quando já era celebridade nacional, gravaria a música *Heartbreak Hotel* para o selo RCA. Foi sua primeira música a alcançar a liderança nas paradas de sucesso.

A partir desse momento, Elvis já não era mais dono do seu tempo e de suas ações. Ele seria, muito rapidamente, "engolido" pela máquina industrial do *show business,* sem perceber o grau de crueldade a que estava sendo submetido. A máxima da cultura norte-americana, *time is money,* é implacável e não foi condescendente com Elvis. A sobrecarga de trabalho com *shows* de televisão, entrevistas consideradas importantes para sua carreira, compromissos com a indústria cinematográfica que tanto o explorou, as gravações

A Cultura da Juventude

de estúdio, os ensaios para gravar, as dezenas de *shows* a serem realizados por todo o país, entre outras exigências profissionais, lhe subtraíram o tempo até para pensar em si mesmo. O casamento com Priscilla Beaulieu já dava nítidos sinais de desgaste irreversível. Sua vida pessoal, praticamente, inexistia. O *staff* comandado pelo coronel Tom Parker, seu empresário, não aliviava a vida do grande ídolo. Aliás, ao contrário, Elvis estava no centro da grande engrenagem da "roda-viva" e seu tempo só poderia ser investido nos shows de televisão, nas turnês, enfim, no ritmo alucinante do seu trabalho de *pop star*. A asfixia e a tensão começaram a exaurir física e psicologicamente o grande ídolo. Isolado e pressionado pela engrenagem do *time is money,* Elvis não resiste. Entra em depressão, agravada pela forte solidão, a despeito de viver cercado pela chamada "máfia de Memphis", um grupo de bajuladores que vivia à sombra do seu grande *status*.

Seu primeiro casamento foi com Priscilla Beaulieu e terminaria em 1972. Mas, mesmo antes, a ingerência de barbitúricos passaria a fazer parte do seu cotidiano, de forma sistemática e irreversível. O resto, caro leitor, você já pode imaginar. Elvis tornar-se-ia consumidor contumaz de antidepressivos, calmantes, excitantes, entre outras drogas. É do livro de Priscilla Presley e Sandra Harmon, sobre sua vida com o grande ídolo, a seguinte citação: "entediado e inquieto, Elvis aumentou sua dependência de agentes químicos. Achava que a animação o ajudava a escapar do pensamento destrutivo, quando na verdade apenas lhe proporcionava uma falsa confiança e uma agressividade anormal. Ele começou a perder a perspectiva de si mesmo e dos outros. Para mim foi se tornando cada vez mais inacessível."[9]

Certa ocasião, ainda casado com Priscilla Presley, Elvis tenta romper seu contrato com o empresário Tom Parker. Era uma

---

9. Presley e Harmon. *Priscilla e Sandra. Elvis e Eu,* Rio de Janeiro, Editora Rocco, 1985, p. 174.

Das origens do *rock'n'roll*

reação de quem estava profundamente angustiado e infeliz. Este é o diálogo reproduzido no livro de Priscilla que presenciava a conversa entre ele e seu pai:

– "Ligue para ele e diga que está acabado, papai. Vamos cancelar os contratos e eu pagarei qualquer porcentagem que estivermos lhe devendo.

– Tem certeza de que é isso que quer, filho?

– Claro que tenho. Detesto o que estou fazendo e não agüento mais."[10]

Elvis tentou reagir, mas tardiamente. E é do livro do jornalista e pesquisador Roberto Muggiati, que vem o texto mais lúcido e completo que conheço sobre os últimos dias de Elvis Presley. É longo, mas imprescindível: "E foi encastelado em Graceland como um velho paranóico – uma espécie de Howard Hughes do *rock* – cercado de todos os brinquedos e caprichos que o dinheiro podia comprar, mas sempre roído pela insatisfação e angústia, que Elvis Presley se sentou à espera da morte. Sua dependência das drogas foi, de certa forma, uma surpresa para a maioria dos fãs. Mas Elvis se intoxicava, em doses maciças. Um só médico, o Dr. George Nichopoulos – que devia a Elvis mais de 300 mil dólares em empréstimos – receitou para o cantor, apenas em seus últimos sete meses de vida, 5.684 pílulas de narcóticos e anfetaminas – uma média de 25 por dia (estes dados constaram do processo criminal contra o Dr. Nichopoulos). O último concerto de Elvis foi em Indianápolis, em 26 de junho de 1977. Depois, ele foi se recuperar enquanto esperava o início de uma nova turnê. Em agosto, recebeu durante alguns dias a visita da filha Lisa Marie. Os últimos atos do Rei do *Rock* foram trágicos em sua banalidade. Na noite de 15 de agosto, foi ao consultório do dentista Lester Hoffman fazer uma obturação. Depois jogou *racquetball* em Graceland com um irmão de criação e um primo. Cansado do jogo, foi para a cama. De manhã acordou e foi ao banheiro levando um livro, *A Busca Científica do Rosto de Jesus*. Sua companheira,

---

10. Presley e Harmon. Priscilla e Sandra. Op. cit. p. 174.

Ginger, disse: 'Vê se não dorme no banheiro.' Elvis respondeu: 'OK, não vou dormir.' Foram suas últimas palavras. Às 14h30 do dia 16, seu corpo, já sem vida, foi encontrado por Ginger no chão do banheiro."[11]

O que se apreende da trajetória de vida do maior ídolo do *rock'n'roll* são situações que mais tarde se repetiriam com outros grandes talentos como, por exemplo, Jimi Hendrix, Janis Joplin, Jim Morrisson, entre tantos outros. Com Elvis, no entanto, há algumas peculiaridades a serem destacadas. A primeira é que ele, evidentemente, não estava preparado para essa explosão de sucesso em sua vida. Não é só o preparo psicológico que conta nesse momento. Quando iniciou sua carreira de cantor, faltava-lhe ainda maturidade, um mínimo de experiência de vida para administrar as dificuldades, os desvios e as divergências que surgiriam. É preciso notar que ele saiu da pequena cidade de Tupelo, no Mississipi, para Memphis, com 18 anos, trazendo toda uma cultura conservadora e uma visão de mundo ainda muito provinciana, que caracteriza o estilo de vida de cidades pequenas do interior. A morte prematura da sua mãe, de quem era extremamente dependente, é outro aspecto que não deve ser descartado.

Diversamente de outros grandes astros que procuram as grandes metrópoles, como bem registra Roberto Muggiati, Elvis preferiu permanecer na modesta Memphis, fora de todo aquele *glamour* que cerca os grandes astros. É bastante provável que sua decisão de permanecer naquela cidade se devesse mesmo a fatores de insegurança pessoal, como registra sua ex-mulher, Priscilla Presley, em seu livro já citado. Na biografia escrita por Isabel Camarinha, César Figueiredo e Francisco Pacheco (todos portugueses), Elvis Presley aparece como "...um rebelde mais por instinto do que por escolha e, pelo menos aos seus olhos, a sua rebelião de estilo nunca entrou em choque com o fato de pertencer ao tipo mais ingênuo de 'bom cidadão'"[12] Mas, vem de Bruce Springsteen a frase que

---

11. Muggiati, Roberto. *Rock: do sonho ao pesadelo*. Porto Alegre, L&PM Editores, 1984, p. 27 e 28.

12. Camarinha, Isabel e outros. Elvis. Coimbra, Editor Centelha, 1986, p. 57.

certamente capta melhor o estilo e a personalidade irrequieta do grande ídolo do *rock'n'roll*: "Ele não era um provinciano, como muitos pensam. Ele era um artista. Em palco encaixava tudo – ria-se do mundo e ria-se de si próprio mas, ao mesmo tempo, era terrivelmente sério. Isso era horrível e, simultaneamente, fantástico."

De qualquer modo e seja como for, o *rock'n'roll* e Elvis Presley são, sem dúvida, divisores de água na história da cultura e do comportamento da juventude em todo o mundo, notadamente no Ocidente. Personificado especialmente em sua figura (não nos esqueçamos do pioneirismo de Bill Haley e seus Cometas) no final dos anos 50 e início da década de 60, esse ritmo mudaria, sensivelmente, a relação dos jovens consigo mesmo, com a família, a sociedade e com o próprio Estado. Não há dúvida de que Carl Perkins, Jerry Lee Lewis, Little Richard e outros roqueiros daquela época foram importantes na transformação dessa cultura dos jovens. Mas não há dúvida, também de que Elvis foi o grande líder dessa mudança. Se ele teve esta intenção ou não, isto pode e deve ser discutido. Agora, o que não se pode negar é o seu destacado papel de protagonista mais importante nesse episódio de transformação da cabeça da juventude. Aliás, essa discussão ganha ainda mais interesse quando sabemos que, ironicamente, Elvis defendia comportamentos bem ao sabor das expectativas do *establishment*.

Seja como for, a questão mais relevante foi mesmo as alterações ocorridas no fim e início das décadas já citadas. E não é o caso, também, de se simplificar a inquietude dos jovens daquela época, com ironias e frases feitas. A expressão "rebeldes sem causa" tornou-se, injustamente, uma espécie de sua "marca registrada". A origem dessa expressão vem do filme, *Rebel Without a Cause*, estrelado pelo ator James Dean, um dos mais legítimos representantes dessa juventude. No Brasil, esse filme recebeu o nome de *Juventude Transviada* e transformou-se em um dos grandes clássicos da cinematografia internacional. São ainda dessa época, *Balada Sangrenta*, *Sementes da Violência* e *O Selvagem*. É desnecessário comentá-los individualmente. Embora com temáticas diferentes, todos eles convergiam para uma coisa só: o inconformismo, a inquietude e a rebeldia dos jovens contra o *establishment*. Eles não aceitavam mais os valores sociais ainda arraigados a uma sociedade pré-Segunda Guerra Mundial. A modernização do Estado se fez sentir na indústria, na produção econômica em geral, na tecnologia e especialmente nos meios de comunicação. Estávamos, na verdade, presenciando a consolidação do que os teóricos chamariam mais tarde de sociedade de massa.

O consumo, a partir desse momento, passaria a ter ainda maior importância nas relações entre o capital, o trabalho e a sociedade. Se não estávamos vivendo uma revolução estrutural mediante a transformação política do Estado (e isso é verdade), era inegável a mudança de hábitos, costumes e comportamentos. Embalados pela força selvagem do *rock'n'roll*, os jovens começariam a se libertar dos velhos padrões de conduta aos quais estavam submetidos e acostumados. A repressão sexual, por exemplo, vai perder força e boa parte da juventude já não sublimaria, como antes, os seus desejos sexuais.

Começava, nesse momento, a grande abertura libertária para os jovens dos anos 60 e 70 conduzirem o que eles acreditavam ser a "revolução sexual dos jovens". Que se pense nas palavras de ordem como, "paz e amor", "faça amor, não faça guerra", nas cenas de Woodstock e em outras importantes manifestações dos jovens *hippies,* que abandonaram a vida em sociedade, enfim, em tudo o que envolveria o movimento da Contracultura. Esse legado de maior liberdade, do jovem ser mais dono do seu corpo do que a família, se deve, em boa parte, à juventude dos primórdios do *rock'n'roll.* É aqui, com a sensualidade coreográfica desse ritmo, que a repressão sexual começa a perder espaço e a ser derrotada pela força dos jovens. O *foxtrot*, ritmo tão popular nas décadas de 30 e 40, bem como o bolero urbano, já não atraíam mais os adolescentes.

O fim da Guerra da Coréia em 1953, a presença de um país vizinho como Cuba, a bomba atômica e a crescente tensão da "guerra

Das origens do *rock'n'roll*

fria" não significavam nada, ou quase nada, para a juventude do *rock'n'roll*. Grande parte dela era alheia a tudo isso. Os problemas políticos e sociais passavam à margem do seu universo. Não era culta e, claro, nem politizada. Eram adolescentes que gostavam mesmo era de vestir "calça rancheira" (o primeiro nome dado à atual calça jeans), andar em carrões "rabo de peixe", de preferência conversíveis, da alta velocidade, de usar topetes fixados com brilhantina ou gumex, botas de camurça, casacos de couro ao estilo James Dean, freqüentar as lanchonetes da moda e, evidentemente, acompanhados de garotas bonitas. As conversas raramente saíam desses temas: *rock'n'roll*, automóveis, velocidade e mulheres. É compreensível. Em primeiro lugar, era assim que se apresentava a imagem dos grandes ídolos do *rock'n'roll*. Ela deveria conter todos os ingredientes da consagrada figura do *self-made-man,* fato bem característico da cultura norte-americana, especialmente nos estratos da classe média. Em segundo lugar, na ótica e na ética da sociedade de consumo os carrões combinam com mulheres bonitas. A somatória desse binômio, por sua vez, coaduna-se com a imagem do *self-made-man* e a idéia de poder.

Não surpreende que significativa parte das canções de *rock'n'roll* dessa época se limitava a esses temas. Certa ocasião, ao comentar uma canção de Chuck Berry, o editor Richard Goldstein fez uma observação muito precisa do universo do *rock'n'roll* nesse período: "De todos os argumentos levantados contra o *rock* na sua juventude, o que eu achava mais furado era a acusação de que as letras pareciam coisa feita por pessoas incultas. Claro que eram: e nisso estava sua maior virtude." Este é um depoimento muito esclarecedor. O *rock'n'roll* em suas origens não teve gurus nem mentores intelectuais. Não tinha veleidades dessa natureza. Foi um movimento musical que começaria com jovens de cultura média a sofrível. Uma manifestação espontânea, decorrente de todas as transformações por que passava a sociedade americana.

Os Estados Unidos saíram fortalecidos da Segunda Guerra Mundial e a prosperidade se fez notória. Assim, diante deste quadro

A Cultura da Juventude

tão favorável, seria mesmo natural a explosão comportamental da juventude. O *rock'n'roll* foi o instrumento, o recurso transformador utilizado por aqueles jovens. O que não se poderia prever, evidentemente, era o alcance e magnitude posteriores. E aqui, novamente, tomo de empréstimo as palavras do pesquisador alemão, Rolf-Ulrich Kaiser: "O *rock'n'roll* se converteu na manifestação de uma jovem geração que, com a ajuda desta música, buscava um meio para sua própria realização, inicialmente de uma forma muito pouco precisa e geralmente física, e em outras ocasiões à maneira pseudo-existencialista de James Dean, que pouco depois se converteria em popular ator de cinema."[13]

Alguns estudiosos daquela época, mas atuais também, consideram o *rock'n'roll* uma música e, mais do que isso, um estilo de vida alienado e alienante. Desengajado e sem participação política de seus admiradores. Pois bem, esta é uma questão que demandaria várias páginas de discussão e análise. Seria mesmo um debate envolvendo questões ideológicas e, portanto, algo subjetivo e de difícil avaliação. É preciso muita prudência e bom senso nesse caso. Como não me proponho a isso neste trabalho, quero fazer apenas um breve comentário para não passarmos em branco por elas. É natural que todo cidadão se manifeste politicamente. Aliás, a própria Declaração Universal dos Direitos Humanos menciona a participação política como um direito essencial de todos os indivíduos. O que ninguém diz, nem teria sentido dizer, é que todos os homens devem pensar e agir igualmente no plano político. A ocorrência de conflitos, seja de fundo político, ideológico ou social, por exemplo, deve ser interpretada com naturalidade, em uma sociedade de homens livres e que se pretende democrática. A democracia só se constrói com a pluralidade de idéias, ainda que divergentes. Assim, os conflitos de opiniões não podem nem devem ser motivo de discórdia. Eles são inerentes ao próprio homem, são produtos da diferença de individualidades e, como tal, devem ser exaustivamente discutidos e não descartados.

13. Kaiser, Rolf-Ulrich. Op. cit. p. 50.

II

A política e a música no Brasil dos anos 50

Não fosse o suicídio do presidente Getúlio Vargas, em 24 de agosto de 1954, a década de 50 certamente seria lembrada por grandes acontecimentos na economia, na sociedade e na cultura. Isto porque foram anos prodigiosos para o país, especialmente nesses três setores. Em 3 de outubro de 1955, Juscelino Kubitschek foi eleito com 36% dos votos nacionais. Uma vitória por estreita margem, já que seu principal adversário, o general Juarez Távora, recebera 30% e Ademar de Barros, 26% dos votos. Mesmo legitimamente eleito, Juscelino correu sérios riscos de não tomar posse, o mesmo ocorrendo com seu vice João Goulart. Uma ala do exército, a mesma que já havia conspirado contra Getúlio Vargas, articulava um novo golpe para impedir a posse do presidente e vice-presidente, eleitos democraticamente. Os motivos sempre toscos, torpes e oportunistas repetem a história, agora em forma de farsa. O texto do professor Boris Fausto é bastante esclarecedor sobre isto: "Após a vitória de Juscelino e João Goulart desencadeou-se uma campanha contra a posse. No início de novembro de 1955, faleceu o presidente do Clube Militar – general Canrobert Pereira da Costa, um dos mais destacados conspiradores contra Getúlio. Em uma oração fúnebre, pronunciada no enterro de Canrobert, o coronel Bizzarria Mamede, um dos signatários do memorial dos coronéis, fez o elogio do morto. Atacou os interessados em defender uma 'pseudolegalidade imoral e corrompida' e chamou de 'mentira democrática' um regime

A política e a música no Brasil dos anos 50

presidencial que concentrava nas mãos do Executivo uma vitória da minoria. A referência à eleição de Juscelino era óbvia."[14]

Por respeito à democracia e lealdade ao presidente eleito, o general Henrique Teixeira Lott organizou e liderou o que ficou conhecido como "golpe preventivo". A expressão não é nada feliz, mas é essa mesma. O objetivo de Lott era antecipar-se à conspiração de Bizzarria Mamede e garantir a posse do presidente eleito. Após tantas idas e vindas, muitas negociações, decretação de estado de sítio por trinta dias e outros ajustes políticos, Juscelino e Jango tomam posse em 31 de janeiro de 1956.

O projeto político do novo governo era muito claro e ousado. No setor econômico, criou o "Programa de Metas" formado por seis grandes prioridades: indústrias de base, transportes, energia, alimentação, educação e a construção de Brasília, que deveria ser a nova capital do país. O êxito do seu programa, ainda que parcialmente, transformou a nação. Houve um notório avanço em nosso crescimento principalmente no setor econômico, mas em outras áreas também. No setor de transportes, por exemplo, nossa malha rodoviária cresceu em torno de 20 mil quilômetros. Os altos investimentos em rodovias, se não significavam propriamente uma contraposição à malha ferroviária, significava, quando menos, que os investimentos nesse setor não seriam prioritários. Tanto é assim, que apenas 830 quilômetros de estradas de ferro foram construídos nessa época.

Mas, duas das atividades mencionadas no "Programa de Metas" marcariam fortemente o governo Juscelino: a construção de Brasília e o desenvolvimento industrial do país. Ao contrário do que se possa pensar, a idéia de mudar a capital para o planalto central não era nova nem surge no governo Kubitschek. Ela data de 1891 e a responsabilidade foi dada ao Congresso Nacional. A construção de Brasília, porém, não ficou circunscrita apenas à criação de uma cidade. Ela mudou muitas coisas em nosso país,

---

14. Fausto, Boris. *História do Brasil*. São Paulo: Edusp, 2004, p. 268.

A Cultura da Juventude

inclusive o ponto de orientação dos brasileiros. Até então, o Rio de Janeiro era a referência nacional para a política, a cultura (nesse momento já começava a dividir as atenções com São Paulo) e os grandes acontecimentos cívicos e esportivos do país. Em síntese, era o centro do poder, para onde quase tudo convergia. Não sem motivos, os grandes acontecimentos culturais (a Era do Rádio, a Bossa Nova e o *Rock'n'roll*) tiveram participação preponderante da sociedade carioca.

Com a mudança da capital para o planalto central, muda também a referência do próprio país. No imaginário coletivo do povo brasileiro, a praia, o mar, a paquera (naquela época o termo usado era "flerte"), a boemia, enfim, o estilo de vida desinibido tão identificado com a cultura carioca, estavam sendo trocados pelos cerrados retorcidos de casca grossa e suberosa. A quietude silvestre e misteriosa da densa mata do centro-oeste não dizia nada, nem de bom, nem de ruim, nem a ninguém. Era uma região desconhecida. Grande parte da população tinha em seu imaginário, a presença de uma floresta quase impenetrável e habitada apenas por indígenas. Isto era parcialmente verdade. A região escolhida para a construção de Brasília não tinha densa mata e os indígenas que habitavam (já não sei se ainda habitam) o planalto central estavam muito distante do local onde seria construída a cidade.

A epopéia de fazer a nova capital ficou a cargo do arquiteto Oscar Niemeyer, em parceria com o urbanista Lúcio Costa. Os "Candangos",[15] em sua grande maioria, vindos dos estados nordestinos, foram os verdadeiros construtores da cidade. A mão-de-obra, o trabalho de desbravar a mata e construir os edifícios, foram feitos por cidadãos que não tinham emprego em seus respectivos estados. Assim, em que pese todas as resistências políticas,

---

15. A expressão "candango", na sua origem, significa ruim, vilão, ordinário. Era essa a designação que os africanos davam aos colonizadores portugueses. Significa, ainda, pessoa de mau gosto. A fonte consultada foi o *Novo dicionário da língua portuguesa*, de Aurélio Buarque de Holanda Ferreira, Editora Nova Fronteira, Rio de Janeiro, 1975, p. 168.

A política e a música no Brasil dos anos 50

especialmente da UDN que considerava um projeto demagógico, Brasília começava a ser construída e o Brasil a mudar seu rumo. Talvez o maior opositor tenha sido mesmo Carlos Lacerda. Ele alegava que a capital do país ficaria muito isolada e chegou a levantar dúvidas sobre o desvio de verbas por parte do governo federal. Nada disso, no entanto, impediu que o presidente Juscelino Kubitschek inaugurasse Brasília, nossa nova capital, em 21 de abril de 1960. Como quase toda grande decisão administrativa ou política, a transferência da capital foi polêmica, muito questionada e dividiu opiniões. O funcionalismo público, especialmente quem trabalhava nos três poderes do Estado, não teve alternativa. Ou iria trabalhar em Brasília, ou perderia um emprego altamente disputado.

A indústria, por outro lado, foi o ponto alto do governo Juscelino. Os benefícios trazidos por essa atividade mudaram substancialmente o país nos planos econômico e social. De todo o setor industrial, o que mais lembra e identifica o governo Kubitschek é mesmo a indústria automobilística. No entanto, para evitar equívocos, convém registrar o seguinte: mesmo antes do período Juscelino, durante a era Getúlio Vargas, já existiam algumas montadoras aqui instaladas. Era uma atividade ainda incipiente e inexpressiva no contexto da nossa economia. É dessa época, por exemplo, a FNM – Fábrica Nacional de Motores. Em 1942, o Estado cria esta empresa de economia mista, mas mantém o controle acionário. Com a chegada das empresas estrangeiras, a partir do governo de Juscelino Kubitschek, a FNM expõe sua fragilidade e obsolescência tecnológica. A Alfa-Romeo italiana a compra em 1968 mas, mesmo assim, não sobreviveu. Com efeito, as indústrias que realmente mudaram a feição do país nesse setor permanecem aqui até hoje. São a Volkswagen, a General Motors e a Ford. A Willys Overland, encarregada de fabricar o *"Jeep"*, um veículo que se ajustava muito bem às precárias estradas do país, foi absorvida pela Ford. Logo depois, a fabricação desse veículo parou e a justificativa foi a seguinte: tratava-se de um carro já defasado em seu desenho, proposta e tecnologia.

Waldenyr Caldas

A Cultura da Juventude

Romiseta: veículo destinado ao púlico jovem

Em 1956, as Indústrias Romi, do interior de São Paulo, iniciaram a produção da simpática, mas perigosa "Romiseta". Um veículo pequeno e arredondado, que só transportava duas pessoas. As condições de segurança eram bastante precárias. Havia apenas uma porta para o motorista e o passageiro entrarem e saírem do veículo. Destinado ao público jovem, a Romiseta foi um grande sucesso. Mesmo assim, não teve como enfrentar a concorrência das montadoras estrangeiras que chegaram ao Brasil com muito capital para investir. A história deste pequeno veículo tem alguns aspectos peculiares que merecem destaque. Apesar de todo o apoio pessoal do presidente Juscelino, as Indústrias Romi, ao contrário da DKW e Volskwagen, não conseguiram incentivos do governo federal para o estímulo da produção da Romiseta. Além disso, por pressões do GEIA – Grupo Executivo da Indústria Automobilística, criado pelo presidente através do decreto n° 39.412, de 16 de maio de 1956, as Indústrias Romi passariam a ter problemas financeiros que mais tarde inviabilizariam a produção da Romiseta. E o mais irônico em tudo isso é que este órgão foi criado exatamente para incentivar a produção de veículos no Brasil. Formalmente, porém, havia uma explicação que impedia o apoio às Indústrias Romi. Pelas normas do GEIA, a Romiseta não era considerada um veículo. Para tanto, ela deveria ter, no mínimo, duas portas e dois bancos interiores. Assim, por falta de apoio justamente do governo federal, este pequeno veículo deixaria de ser fabricado em 1959, após a produção de aproximadamente três mil veículos, de acordo com os dados da própria indústria.

Interessante é que o próprio presidente Juscelino, de certo modo, participou da propaganda de lançamento da Romiseta. Em 1956, através da Caravana de Integração Nacional que percorreu 7.000 quilômetros entre Rio de Janeiro e Brasília, passando por diversos Estados, nosso presidente entra em Brasília em pé numa Romiseta, acenando para o grande público que o esperava. Se oficialmente, este minúsculo veículo (2.27 metros de comprimento, por 1.38 metros de largura) não foi considerado o primeiro carro produzido no Brasil, na prática, seu lançamento se antecipou em dois meses à DKW e ao Volkswagen.

Assim, da paisagem urbana nas grandes cidades brasileiras, passariam a fazer parte, o DKW Vemag, o Volkswagen (fusquinha), o Jeep, o Dauphine, um pouco mais tarde o Gordini e o Simca Chambord. Mas essa era ainda uma pequena parte da indústria de veículos que aqui se instalaria. A região escolhida para esse investimento foi a do ABC paulista. Ao mesmo tempo, por uma demanda natural, as fábricas de autopeças iriam se concentrar também nessa região. Era o complemento necessário para, ao lado de outras indústrias já existentes nesse local, se formar o primeiro parque industrial do país. A bem-sucedida política econômica do presidente Juscelino apontava também em uma direção muito clara: com a criação do GEIA, como vimos anteriormente, o Brasil optava claramente pela chamada "civilização do automóvel".[16] Advém

---

16. Expressão contida no livro já citado do professor Boris Fausto, p. 429.

A Cultura da Juventude

daí, a grande crítica que se faz até hoje ao governo de Kubitschek. Ele optou pelo desenvolvimento do transporte individual, em detrimento do transporte de massa. E já nem se pode dizer que esta avaliação é precoce ou precipitada, uma vez que já se passaram 50 anos. De concreto, no entanto, há um aspecto desfavorável ao seu governo. As ferrovias brasileiras, que já estavam sem investimentos para ampliá-las e modernizá-las, foram deixadas de lado durante seu mandato de presidente.

Aero-Willys e Romisetta: dois carros que marcaram época

Se o advento da indústria transformou nossa economia, os reflexos de tudo isso, claro, chegariam à sociedade e à cultura. A partir desse momento, surgiria um novo quadro social e uma nova redefinição de estratificação da sociedade. Começa aqui, de forma mais intensa e sistemática, o processo de urbanização da população brasileira. Do Nordeste e das Minas Gerais, grandes contingentes começavam a deixar as regiões rurais do país em direção a São Paulo, à procura de mercado de trabalho na indústria. A maior parte procurava a região do ABC que já iniciava-se como um complexo industrial. Alguns problemas surgiriam em São Paulo e no Rio de Janeiro, com a ocupação rápida dessas duas cidades. A organização do espaço urbano, que já não era boa, ficaria ainda mais comprometida.

A política e a música no Brasil dos anos 50

Não houve um planejamento para o deslocamento de tantos imigrantes em tão pouco tempo. Ambas as cidades não tinham sequer infraestrutura mínima que amenizasse o problema. Nessas condições, começa a aumentar em grandes proporções o aparecimento de cortiços no centro das cidades e de favelas na periferia.[17] De todos os problemas sociais que essas cidades já tinham, alguns foram potencializados, justamente pela forma desorganizada como os migrantes foram ocupando o espaço urbano. Em que pese a grande atividade da economia e, em especial da indústria, ainda assim o desemprego e o subemprego permaneceriam, mas agora em menor escala. Já não foram os casos das habitações, da saúde pública, do transporte coletivo e do saneamento básico que permaneceram precários. É preciso reconhecer, porém, que o país mudava para melhor, como o próprio tempo se encarregou de nos mostrar. Não fosse o ousado "Programa de Metas", certamente a indústria brasileira não teria, em nossos dias, participação tão destacada na nossa economia, principalmente no setor das exportações.

No tocante às atividades culturais, é claro, a situação também mudaria em conseqüência do nosso crescimento econômico. No segmento da música popular, por exemplo, surge o mais revolucionário movimento musical que já ocorreu no país. Refiro-me ao feliz acontecimento da nossa "Bossa Nova".[18] Antes disso, porém, a música popular brasileira era representada, principalmente, pelos chamados cantores grandiloqüentes. A impostação da voz era a principal característica do período pré-Bossa Nova. Silvio

---

17. Sobre a ocupação da periferia paulistana, vale a pena ler o livro de Maria Carolina de Jesus, *Quarto de despejo*, São Paulo, Livraria Francisco Alves, 1963. A autora era favelada (já faleceu) e relata, com extrema riqueza de detalhes, o cotidiano da população favelada. Passados 44 anos da primeira edição do seu livro, ele permanece incrivelmente atual, guardadas as devidas proporções de tempo e das transformações ocorridas ao longo desse período. Uma coisa é passar de automóvel e olhar a favela, outra é entrar, ver e viver o cotidiano dela. A autora nos mostra o significado dessa diferença.

18. Em meu livro *A cultura político-musical brasileira*, São Paulo, Musa Editora, 2005, analiso a Bossa Nova desde suas origens até o momento da sua cisão, quando surge um segmento mais politizado.

Waldenyr Caldas

Caldas, Orlando Silva e Cauby Peixoto são exemplos emblemáticos de como a canção popular brasileira era interpretada. Importante registrar que nessa época ainda não havia avaliações estéticas tão rigorosas acerca do gosto musical como vemos em nossos dias. Assim, se os mais velhos, cultos ou incultos, continuavam gostando de Augusto Calheiros e Vicente Celestino (a velha guarda da época), por exemplo, os jovens preferiam Sílvio Caldas e seus colegas.

Essa escolha, definida muito mais por uma questão de geração, não tinha conotações estéticas que, em última instância implicam em um universo mais e menos culto. Embora não seja tarefa fácil, é possível apontar, pelo menos, dois fatores que mudariam os rumos e o estilo da nossa música, mas não só. A rigor, ocorreria também uma mudança de comportamento, de hábitos e de costumes mesmo. O primeiro foi o surgimento da "Bossa Nova". Além da revolução estética nos componentes formais da nossa canção, no compasso musical e na própria temática, este estilo musical logo adquiriu um *status* de música refinada e moderna. Aliás, ele atravessou o tempo e permanece até nossos dias. A juventude mais escolarizada e até mais intelectualizada mesmo, ficaria com a Bossa Nova.

A partir daí, ela passaria a ser não apenas um "divisor de águas" na música popular brasileira, mas também uma atribuição de *status*, um símbolo de classe e de distinção social, bem nos moldes do que teoriza o sociólogo francês Jean Baudrillard.[19] Como sempre ocorre com os movimentos de ruptura estética com

---

19. Em seu livro intitulado *Para Uma Crítica da Economia Política do Signo*, há um capítulo exclusivo sobre o que ele chama de "função-signo e lógica de classe", mostrando a função social dos objetos como elementos distintivos entre as classes sociais. Em certo momento, diz ele: "Assim como não se alimenta o escravo para que esta coma mas para que trabalhe, assim também não se veste suntuosamente uma mulher para que esta seja bela, mas para que testemunhe, pelo seu luxo, a legitimidade ou o privilégio social do seu senhor

o passado (a Semana de Arte Moderna no Brasil, o Surrealismo e o Dodecafonismo[20] de Arnold Shoenberg, são três bons exemplos), a Bossa Nova também foi rechaçada por alguns segmentos da sociedade. Em certos casos, por uma questão estética simplesmente. Mas em outros, por princípios ideológicos. É que a Bossa Nova foi interpretada por alguns músicos, musicistas e estudiosos, como uma interferência do *jazz* americano na música popular brasileira. Resta saber se esse fato realmente procede. José Ramos Tinhorão, estudioso e pesquisador da melhor estirpe da música popular brasileira, reconhece mas refuta tal ingerência.

O cantor e compositor Carlos Lyra, uma das figuras de destaque no movimento da Bossa Nova, registra em uma de suas canções a influência do *jazz*. Aliás, o nome da canção é precisamente este: Influência do *Jazz*. O texto poético fala da descaracterização do samba ao tomar contato com o *jazz*. Para não desaparecer, nosso samba deve voltar ao morro e pedir socorro onde nasceu. Ao se misturar com o *jazz*, se modernizou demais e perdeu suas características. O rebolado e o "gingado que mexe com a gente" desapareceram. Mudou de repente, por influência do *jazz*. Assim o samba pode morrer. "Está quase morrendo" sem perceber. Para Carlos Lyra, samba e *jazz* são dançados de forma diversa. "O samba balança de um lado pro outro, o *jazz* é diferente, pra frente e pra trás." Finalmente, diz o compositor: "Pra não ser um samba com notas demais, não ser um samba torto, pra frente e pra trás, vai ter que se virar, pra poder se livrar, da influência do *jazz*." Interessante nesta canção é que Carlos Lyra mostra-se preocupado com a descaracterização do samba e até mesmo com seu possível

---

20. O dodecafonismo é a forma mais conhecida de aplicação do serialismo musical. Entre os pioneiros desse estilo, destacam-se Arnold Schönberg, que compôs "Serenata" em 1923, Berg e Webern. Mais tarde, em 1945, Igor Stravinsky e Lutyens, utilizaram os princípios estéticos do dodecafonismo em suas obras.

A Cultura da Juventude

desaparecimento. É isto o que diz o texto poético da canção. Por outro lado, uma ironia: a linha melódica, as seqüências harmônicas e o próprio arranjo musical fazem de "Influência do *Jazz*", a canção bossa-nova mais próxima do estilo jazz.

Essa ambigüidade apresentada pelo compositor tem seu fascínio, é envolvente e, ao mesmo tempo, exercita nossa curiosidade. E isso se torna ainda mais relevante, quando observamos a trajetória da sua obra musical. Do final dos anos 50, até meados dos anos 60, o trabalho de Carlos Lyra esteve voltado, entre outras coisas, para a defesa da música popular brasileira, em face da interferência de ritmos alienígenas. Mesmo antes de "Influência do Jazz", feita em 1961, ele já havia composto a canção "Criticando", em 1957. E aqui aparece a crítica ao jazz pela primeira vez. Surgem ainda, a balada, o bolero e o *rock'n'roll* nesta mesma canção. O que se depreende dessa aparente (ou real) ambigüidade de Carlos Lyra é que, apesar de defender sempre a música popular brasileira da influência estrangeira, ele entendia, ao mesmo tempo, que era necessário mantê-la receptiva a transformações e inovações estéticas. Isso não significa, evidentemente, a descaracterização da nossa música, como de fato não ocorreu, pelo menos até este momento. Se de uma parte, como já disse acima, a Bossa Nova seria um divisor de águas, é preciso reconhecer o seguinte: foi um movimento que se iniciou com um grupo de jovens de boa formação musical e um nível de escolaridade muito acima da média para aquela época. Isso explica, de certa forma, o porquê no início esse estilo musical ficou circunscrito a um público mais restrito. Não eram só os acordes, a harmonia em perfeita seqüência melódica, que tornavam a Bossa Nova sofisticada e mais distante do grande público. O texto poético também contribuiu em grande parte para isso. Um bom número de compositores bossanovistas escrevia suas poesias retratando o estilo de vida e o cenário da Zona Sul do Rio de Janeiro. A forte inspiração para as letras eram a manhã, o barquinho, o final da tarde, o violão, a garota escultural, a praia, o mar e o amor. Ao comentar as letras do início da Bossa Nova, Aloysio de Oliveira, ex-cantor, arranjador e integrante do conjunto "Bando da Lua", nos dá alguns exemplos que ele considera típicos de frases da bossa nova:

> "'fotografei você na minha rolleyflex...'
> (Newton Mendonça)
>
> 'um cantinho um violão, este amor e uma canção...'
> (Tom Jobim)
>
> 'é sol, é sal, é sul...' (Ronaldo Bôscoli)
>
> 'olha que coisa mais linda, mais cheia de graça...'
> (Vinicius de Morais)'"

A Bossa Nova nos dava, assim, uma visão lírica da vida e que, na verdade, fazia parte de um universo onírico, ou de um grupo muito restrito de pessoas. Apesar da temática dominante ser esta, é preciso registrar também que são desse período as canções abordando os desencontros amorosos, a inevitável "dor-de- cotovelo", a infidelidade, a infelicidade e a autocompaixão. Portanto, nem tudo era só prazer, amor e alegria. De qualquer modo, ainda que inicialmente fosse um movimento da elite musical do Rio de Janeiro, isso não impediu que a Bossa Nova se tornasse o mais importante acontecimento musical do país. Esta opinião, claro, não é unanimidade. Ela divide os estudiosos e pesquisadores da música popular brasileira. De um lado, os que concordam, do outro os contestadores afirmam: "foi o mais importante acontecimento musical feito pela elite para ela mesma".

Outro registro importante é que o advento da Bossa Nova não significou o fim do estilo grandiloqüente de cantar. Tanto é assim, que as décadas de 50 e 60 estão fortemente marcadas por sucessos de Nelson Gonçalves, Altemar Dutra, Almir Ribeiro, Carlos Nobre, Cauby Peixoto, Alcides Girardi, Francisco Petrônio, entre outros. Em relação às cantoras os destaques são, sem dúvida, Ângela Maria, Nora Ney, Aracy de Almeida e Edith Veiga. De uma parte, o movimento Bossa Nova recebeu esse título em função da modernidade, que apresentava em seus arranjos melódicos e harmônicos, na forma intimista e informal de cantar e se apresentar.

A Cultura da Juventude

Já o estilo grandiloqüente, herança dos tempos de Augusto Calheiros, Francisco Alves, Vicente Celestino, entre outros, passaria a ser chamado de "velha guarda", não por oposição à Bossa Nova, mas por uma questão temporal mesmo. Se a Bossa Nova estava perfeitamente integrada ao conceito e à imagem de modernidade do governo Kubistchek, o mesmo já não ocorria com a velha guarda. Ela passaria a ser vista como uma coisa *démodé* por parte de alguns críticos, que viam na Bossa Nova uma evolução estética da música popular brasileira. De alguma forma, essa dicotomia influenciava uma parte do público, especialmente o de maior escolaridade. O politicamente correto era endossar e defender as inovações estéticas da Bossa Nova. Os mais exacerbados iam além. Criticavam o estilo grandiloqüente adjetivando-o como algo ultrapassado, de estética do mau gosto, muito embora não soubessem explicar, com argumentos concretos e objetivos, o porquê ou os porquês dessa depreciação qualitativa.

De certo modo, havia em todo esse contexto, ainda que nas entrelinhas, de forma implícita, o confronto político entre o novo e o velho. Mera comparação, nada mais. O estilo grandiloqüente, consagrado especialmente durante a Era Getúlio Vargas, representava o tradicional, o conservadorismo e, entre os críticos mais rigorosos, o atraso, a forma autoritária e paternalista de governar, como foi o período de 1930 a 1945. A grandiloqüência poético-musical, embora fosse vista como ultrapassada, teria atravessado o tempo e chegado à época moderna da sociedade brasileira, representada pelo governo do presidente Juscelino Kubitschek. Já a Bossa Nova tinha sua imagem associada ao que era novo, ao moderno, ao desenvolvimento, enfim, a tudo o que representava os planos arrojados do nosso presidente. Esta comparação a que me refiro, aparece com clareza no texto do historiador Ricardo Maranhão, quando analisa a política de Juscelino. Diz ele: "... paradigma máximo de estadista brasileiro, Getúlio Vargas nunca viajara ao exterior como presidente. Vargas não fizera sequer a peregrinação tradicional dos presidentes eleitos da República Velha, antes de tomar posse. Hábito que JK retomou

A política e a música no Brasil dos anos 50

antes de receber a faixa presidencial conquistada a duras penas, fazendo uma *'tournée'* pelos Estados Unidos e Europa, não lhe faltando a inefável visita a Versalhes, onde 'duas mineirinhas' (suas filhas) 'valsinhas dançam como debutantes...'"[21] Assim, não por acaso, o cantor Juca Chaves escreve a canção "Presidente Bossa Nova". Trata-se de uma apreciação inteligente e bem-humorada da modernidade de Juscelino e seu governo. Aliás, uma das canções mais conhecidas e importantes da década de 50 em nosso país. Convém conferirmos.

Das explicações precedentes, quero ainda acrescentar um aspecto relevante. As dicotomias entre o novo (Bossa Nova) e o velho (estilo grandiloqüente) não chegaram a criar animosidades nem cisões entre os artistas da música popular brasileira. Com muito poucas exceções, foi uma discussão que ficou circunscrita aos críticos e aos meios de comunicação. A Bossa Nova e a "velha bossa", cada uma a seu modo, souberam ocupar seu espaço no cancioneiro brasileiro. As pequenas cisões, os casos isolados, ou foram resolvidos de forma harmoniosa, ou ainda o próprio tempo encarregou-se de resolvê-los. Se o público da Bossa Nova era formado principalmente por pessoas mais letradas, jovens e de nível socioeconômico um pouco acima da média, o mesmo já não acontecia com o estilo grandiloqüente. Seu público era bem mais indiferenciado. Se por um lado, a faixa etária era alta e isso se evidenciava, de outra parte, não parava aí. Esse estilo musical congregava, desde jovens com boa escolaridade, de bom nível socioeconômico, até os mais modestos estratos da população. Seu alcance, com efeito, pode-se dizer, era proporcional à indiferenciação de público.

A constatação deste fato torna-se mais evidente, quando vemos que Nelson Gonçalves e Altemar Dutra foram os cantores de maior sucesso nos anos 60, até o aparecimento de Roberto Carlos.

---

21. Maranhão, Ricardo. *O governo Juscelino Kubitschek.* São Paulo: Brasiliense, 1994, p. 93.

A Cultura da Juventude

A parceria do compositor Adelino Moreira com Nelson Gonçalves, em que pese toda a resistência de certo segmento da crítica especializada (por preconceito estético ou não, é desimportante agora), protagonizou um dos acontecimentos mais importantes da música popular brasileira na década de 60. Sob a ótica dessa mesma crítica, suas canções não tinham os refinamentos da Bossa Nova, nem as propostas críticas e inovadoras do Tropicalismo, ou seja, integrar elementos da música *pop* à canção popular brasileira, para lhe dar uma dimensão internacional.

De fato, o trabalho dessa dupla não tinha nada, nem de parecido com a Bossa Nova, nem com o Tropicalismo (1967), que surge já quase no final dos anos 60. Nada disso, porém, impediu que ela produzisse os maiores sucessos de público e de vendas, pelo menos nas grandes metrópoles como São Paulo e Rio de Janeiro. Repito uma vez mais, exceção feita a Roberto Carlos, com o seu programa "Jovem Guarda", na TV Record, cuja estréia se deu a 22 de agosto de 1965, Nelson Gonçalves era considerado, pela crítica e o público, o maior cantor de sambas-canções, boleros e outros ritmos do gênero daquela época. Só Orlando Silva, cujo auge de popularidade se deu do final da década de 30 até meados dos anos 50, tinha *status* de grande astro como o parceiro de Adelino Moreira. São muitas as canções de Nelson Gonçalves de grande popularidade nesse período. Vejamos algumas delas: "A Volta do Boêmio", "Deusa do Asfalto", "Flor do Meu Bairro", "Fica Comigo Esta Noite", "Escultura", entre outras, não menos famosas.

Em toda essa aparente oposição que se criou entre a chamada velha guarda e a Bossa Nova, percebe-se a defesa de valores estéticos de um lado e de outro. Com o surgimento do Tropicalismo em 1967, houve um início de confrontos dessa natureza, logo desfeito pelos próprios tropicalistas. Eles reconheceram o alcance e a magnitude da Bossa Nova e pronto, tudo parou por aí. Até porque, se continuasse, seria uma discussão estéril, improdutiva, que não levaria a lugar nenhum. Apenas alimentaria aquela parte da imprensa interessada nas fofocas e no sensacionalismo, fato muito corriqueiro até hoje

A política e a música no Brasil dos anos 50

quando se trata de artistas, cantores e personalidades públicas. Além disso, questões dessa natureza servem até mais como *marketing* espontâneo do que para qualquer outra coisa. Foi exatamente o que aconteceu na década de 60. A polêmica (ou pseudopolêmica) teve muito mais importância para promover a Bossa Nova e a velha guarda e muito menos para se avaliar o conteúdo estético de ambas. Enfim, uma discussão artificial, cujos protagonistas não se sentiam opositores nem estavam diretamente interessados nela.

Se a Bossa Nova e o Tropicalismo criaram rupturas estéticas, tiraram um segmento da música popular brasileira da mesmice, da inalterabilidade, da redundância musical isso tem, não há dúvida, um significado maior para o público daquele segmento musical. Agora, apenas para aquele público. Se a Bossa Nova criou ou fez alguma revolução, foi por ter surgido como novidade, como novo estilo musical. A música popular brasileira ganhou com essa inovação, não há dúvida, mas continuou seu curso natural. A velha guarda continua existindo, ou melhor, coexistindo com a Bossa Nova, dentro do estilo que a consagrou. Ambos os estilos musicais têm seus respectivos públicos, porém, muito diferenciados como já vimos anteriormente. Com o que não se pode concordar, evidentemente, é que a Bossa Nova tenha libertado nossa música popular do vezo, da nimiedade do seu discurso, da sua linguagem musical redundante. Ela introduziu sim, uma nova estética, mas não no âmbito popular. Até porque, como já registrei anteriormente, foi um movimento localizado na Zona Sul do Rio de Janeiro. Depois é que ele chegou a outros setores chamados elitizados, mais preparados e escolarizados da sociedade.

Assim, o confronto que se tem feito entre a Bossa Nova e a velha guarda não é só uma questão de apreciação entre dois estilos diferentes de interpretação musical. É bem mais do que isso. É também um problema de análise estética de conteúdos da sonoridade musical e da poesia. Mas já sabemos *a priori*. Estamos diante de uma questão nada fácil de resolver. Como já vimos em outro momento, ela implica valores de classes sociais, mas não só. Envolve ainda um dos

A Cultura da Juventude

problemas contemporâneos mais importantes que é a subjetividade do gosto. Como reconhece o filósofo francês Luc Ferry, "uma das questões centrais da filosofia da arte será, evidentemente, a dos critérios que permitem afirmar ou não que uma coisa é bela. Como chegar, nessa matéria, a uma resposta 'objetiva', uma vez que a fundamentação do belo se realiza na mais íntima subjetividade, a do gosto?"[22] As alternativas, nesse caso, são poucas. Se o próprio conceito do belo se baseia na subjetividade do gosto como diz Ferry, como faremos então para nomear algo como belo ou feio, se são categorias estéticas que não podem prescindir do conceito de gosto? Não há outra resposta, me parece, senão admitir se fazer uso da subjetividade. Há uma forte tendência entre os críticos de arte (talvez por vício de profissão) em colocar os valores estéticos acima de todos os outros. Como sempre ocorre, isso é quase sempre feito de forma categórica, afirmativa, como se fosse um fato consumado. Não se trata de uma apreciação sobre a obra, trata-se de julgá-la mesmo. Mas aqui cabe a seguinte pergunta: quais são esses valores estéticos senão categorias como belo, feio e gosto? Novamente, julga-se a obra com base na subjetividade de uma apreciação pessoal.

No âmbito das artes é necessária a subversão das hierarquias tradicionais. Se o lugar privilegiado da estética é a subjetividade, isso não significa, necessariamente, oposição à objetividade científica. Até porque a ciência não é construída só de objetividade. Ao contrário, há muito de subjetividade na pesquisa científica e na própria produção do saber científico. Acontece que a análise científica não faz (ou pelo menos não deveria fazer) juízo de valor. Ela estuda o fenômeno sob o prisma da neutralidade que a ciência precisa e chega aos seus resultados. Portanto, analisa, não julga. A propósito, é bastante pertinente a observação feita

---

22. Ferry, Luc. *Homo Aestheticus – a invenção do gosto na democracia.* São Paulo: Ensaio, 1994, p. 36 e 37.

A política e a música no Brasil dos anos 50

pelo lingüista Jean Cohen a respeito dessa questão: "A lingüística tornou-se ciência a partir do momento em que deixou de impor regras para observar fatos. A estética deve fazer o mesmo, deve descrever e não julgar."[23]

O raciocínio de Cohen tem sentido e é coerente. Se os críticos e os estetas adotassem o critério da descrição analítica dos fatos, certamente se aproximariam muito daquilo que desejava o filósofo alemão Alexander Baumgarten (1714-1762), criador do termo estética.[24] Assim, partindo da perspectiva apontada por Jean Cohen, talvez fosse mais lógico, sensato e inteligível o discurso do esteta sobre a obra de arte. Aliás, não só sobre esta obra, mas também àquela aspirante ao *status* de obra de arte. No caso da música popular brasileira, é provável que a discrepância estética e de diferença qualitativa que se criou entre a Bossa Nova e a velha guarda não seja como falam os críticos. E o que dizer então, por exemplo, da presença e da força do *rock'n'roll* entre a juventude e na música popular brasileira? É disso que vamos tratar agora.

---

23. Cohen, Jean. *Estrutura da linguagem poética.* São Paulo: Cultrix, 1974, p. 18 e 19.

24. Alexandre Baumgarten pretendia que a estética fosse a "ciência das faculdades sensitivas humanas, investigadas em sua função cognitiva particular, cuja perfeição consiste na captação da beleza e das formas artísticas." Este conceito foi extraído do *Dicionário Houaiss da língua portuguesa*, Rio de Janeiro: Objetiva, 2001, p. 1253.

III

O *rock'n'roll* chega ao Brasil

Em 1945 termina a Segunda Guerra Mundial. As bombas atômicas, lançadas pelos Estados Unidos nesse mesmo ano sobre Nagasaki e Hiroshima, encerram um dos mais trágicos acontecimentos da humanidade. Sobraram apenas o horror e a iniqüidade nessas duas cidades. O Japão capitula. Os americanos que haviam entrado na guerra em 1941, após o bombardeio de Pearl Harbour pelos japoneses, saem como os grandes vencedores. Fortalecidos econômica e politicamente, o governo elabora o Plano Marshall. O objetivo era ajudar economicamente os países europeus não socialistas devastados pela guerra. Ao mesmo tempo, no contexto da "guerra fria", era uma forma de minimizar ainda mais a influência do comunismo naquele continente. A nação americana assumiria a hegemonia e o papel de país líder do Ocidente. A prosperidade econômica, como já mostrei anteriormente, transformou esse país no grande eixo econômico-financeiro para onde convergiria boa parte dos investimentos estrangeiros. A indústria, como de resto todos os setores da produção, exportava em grande escala. Os americanos estavam vivendo no que podemos chamar de verdadeira sociedade da opulência.

Seria natural, portanto, que sua influência não apenas econômica, mas cultural também, se disseminasse especialmente pelos países ocidentais. E foi isso, precisamente, o que ocorreu e ainda ocorre em nossos dias. A América Latina e a Europa não

O *rock'n'roll* chega ao Brasil

comunista receberam e continuam recebendo forte influência da cultura americana. O cinema e a música popular são certamente os dois produtos de maior aceitação internacional. Aliás, um feliz binômio que lançaria o *rock'n'roll* para todo o mundo. Em 1955, no filme *Blackboard Jungle* (Sementes da Violência), aparecem Bill Haley e seus Cometas interpretando a antológica "Rock Around the Clock". Este é um momento de singular importância para a cultura da juventude americana e, por extensão, para os jovens em todo o mundo.

À parte questões político-ideológicas, não se pode negar o altíssimo grau de impacto e de receptividade que teve o *rock'n'roll*. Vivíamos o início de uma cultura de consumo exacerbado. Era a consolidação daquilo que mais tarde os teóricos chamariam de cultura de massa. Algo semelhante ao que o filósofo alemão, Theodor Adorno, nos anos 40, chamou de indústria cultural. Mas, o maior consumo mesmo foi do estilo de vida americano. No Brasil, mas também em todos os países capitalistas, vivia-se, e ainda vive-se um pouco, a imagem, a forma e o estilo americano. Com certo arremedo, é claro, porque lá e cá são padrões socioeconômicos diferentes. Nos anos 50, especialmente na segunda metade dessa década, a expansão do mercado externo americano fez chegar ao Brasil os rádios portáteis de pilhas (uma revolução de comportamento como é o celular hoje), as revistas em quadrinhos do "Capitão Marvel" e sua família, a coca-cola, os carrões "rabo de peixe" (é como eram chamados) para a burguesia endinheirada, os eletrodomésticos, os filmes do Tarzan (o Rei da Selva), os faroestes de John Wayne e Gary Cooper, entre tantas outras coisas, que bem caracterizariam o início de uma influência cultural americana presente até nossos dias. Além disso, a sociedade brasileira integrava-se ao consumo de forma definitiva e nos moldes daquilo que Adorno chamou de indústria cultural.

Alguns produtos que aqui chegavam eram realmente úteis e facilitavam a vida das pessoas. Especialmente os eletrodomésticos. Mas, entre eles, muitas quinquilharias de pouco ou nenhum valor e utilidade. Meros objetos de consumo estéril. De todos esses produtos, o *rock'n'roll*, sem dúvida, era o que melhor expressava o estilo de vida e a cultura da juventude americana. Para sermos mais precisos, devemos registrar que os jovens americanos já viviam o que poderíamos chamar de "cultura do *rock'n'roll*". Quando este ritmo chega ao Brasil, ela já estava consolidada nos Estados Unidos. Já havia uma infraestrutura de produção e de comercialização do *rock* e da imagem dos seus grandes astros. Little Richard, Bill Haley, Elvis Presley e Chuck Berry, foram os primeiros roqueiros a terem seus discos vendidos no Brasil.

A cultura do *rock'n'roll*, na verdade, era apenas um pequeno segmento do grande consumismo pós-guerra, que caracterizaria a chamada cultura de massa. O Brasil, como os demais países latino-americanos, ainda que pobres, com necessidades básicas a resolver, passaram a integrar esse mercado de consumo através de acordos comerciais que, teoricamente, deveriam beneficiar ambas as partes. Vivíamos a fase do desenvolvimentismo do governo de Juscelino Kubitscheck. A economia brasileira mostrava ótimo desempenho. Estávamos saindo da dependência de exportação de produtos agrícolas e iniciando uma bem sucedida economia industrial.

A população se urbanizou e os próprios valores da nossa cultura também passariam por significativas transformações. Primeiramente, porque os hábitos, costumes e tradições da cultura rústica[25], aos poucos, cediam espaço para uma cultura cosmopolita que, embora já existisse nos centros urbanos, ainda era tímida. É no final dos anos 50 que ela ganha mais consistência. Aí sim, especialmente em São Paulo, já podemos falar e notar a presença de uma cultura cosmopolita, que tão bem expressa o estilo de

---

25. Esta expressão é usada pelo professor Antonio Candido em seu livro *Os parceiros do Rio Bonito*, para caracterizar a cultura caipira paulista e diferenciá-la da cultura urbana das metrópoles.

O *rock'n'roll* chega ao Brasil

vida no meio urbano-industrial. Essas mudanças, com efeito, não significavam a perda da identidade com a cultura rústica. Não é isso. O *ethos* da cultura popular brasileira é que passa a ter mais uma referência, além do *modus vivendi* do meio rural e do interior. Trata-se, em outros termos, de uma soma ao conjunto de costumes e hábitos fundamentais da nossa cultura popular, isto é, do nosso *ethos* cultural. O grande problema, aí sim, é a forte presença de uma cultura de massa cosmopolita. Esta última, no entanto, é um fenômeno muito mais abrangente do que apenas o ato de consumir o supérfluo. A vida no meio urbano-industrial, é claro, não pressupõe entregar-se ao consumismo contumaz. Pressupõe, isto sim, poder desfrutar e participar ativamente de todos os recursos tecnológicos, das atividades culturais, profissionais, de sociabilidade, entre outras coisas, que esse meio nos oferece a todo momento. Além disso, é preciso considerar que as veleidades do consumismo são apenas um apêndice em todo esse contexto.

Por outro lado, não se pode subestimar a força e a importância da cultura de massa. Ela veio para ficar, porque representa a própria essência da sociedade capitalista. As relações de troca entre a mercadoria e o capital têm como objetivo precípuo o lucro. Esse é o núcleo vital do capitalismo e, por decorrência, da sociedade de consumo e da cultura de massa. Não há anjos ou demônios nessa história. Existe, isto sim, toda uma estrutura extremamente sofisticada, cientificamente elaborada, nos seduzindo ao consumo. A psicologia de massas, as modernas técnicas de "*marketing*", a publicidade, o apelo estético à moda, à beleza, as embalagens sedutoras, a exploração cromática do gosto, a distribuição minuciosamente estudada de produtos nos magazines e supermercados são alguns dos artifícios que levam as pessoas ao consumismo contumaz.

De outra parte, resistir a todos esses apelos é certamente uma tarefa muito difícil que requer toda uma educação anterior. Nem sempre estamos preparados para isso. De qualquer modo, o consumidor tem sua autonomia para decidir sobre o que ele quer e o que não quer. Ele não é um ser tão indefeso como se queria crer. Os mais recentes estudos sociológicos sobre teoria do consumo e a significação da publicidade nos mostram outro perfil do consumidor, que não a passividade. Seja como for, uma coisa é certa. No meio urbano-industrial, o estilo de vida, o comportamento e os padrões culturais são fortemente influenciados pelo consumo. É uma exigência do meio social, ainda que estratificados em classes sociais e seus respectivos segmentos. Aliás, a questão é mais abrangente: é uma imposição da própria sociedade de massas.

Se a urbanização da população transformou alguns valores culturais em nosso país, é necessário destacar um segundo aspecto, mas agora recebido de influência externa A cultura de massa passaria agora a ser uma realidade e chegaria ao Brasil uma gama muito grande de produtos estrangeiros, especialmente americanos. Ao contrário do governo de Getúlio Vargas, que estabelecera uma política nacionalista e restritiva às importações, Juscelino Kubitschek estimulou o ingresso do capital estrangeiro e flexibilizou a entrada no país de produtos importados.

Mas, apesar de todas as restrições do governo Vargas, ainda assim e em plena Segunda Guerra Mundial, o governo americano já preparava o caminho para a entrada dos seus produtos. Em 1941, por exemplo, empresários, diplomatas, jornalistas e alguns cientistas ligados às Universidades vieram ao Brasil por solicitação do governo americano, fazer uma visita de cortesia ao nosso país. Evidentemente que este ato de "boa vontade" tinha o objetivo oficial de estreitar as relações políticas e a cooperação comercial conosco. Na prática, porém, visava à conquista do maior mercado consumidor da América Latina. Apesar do plano norte-americano não ter sido tão eficiente como pretendiam seus idealizadores, ainda assim passaríamos a receber alguns produtos da cultura de massa daquele país. Vale destacar a importação de diversos filmes de Hollywood nesta década. Em 1942, o filme de Walt Disney, *Alô Amigos,* interpreta sob a ótica americana, a personalidade do cidadão brasileiro. Ele era extrovertido, falante e perspicaz. Sempre atento a tudo, jamais se deixava enganar. Estou me reportando ao protagonista do filme, o papagaio verde-amarelo Zé Carioca. Mesmo com todas as tentativas feitas, foram poucos os produtos vinculados ao nosso mercado consumidor, pelos motivos já citados.

Assim, não podemos falar propriamente de uma cultura de massa no Brasil, pelo menos até o surgimento da televisão em 1950. Até mesmo o apogeu da Era do Rádio não se caracteriza como acontecimento de massa. A inegável força do rádio com seus grandes ídolos, apesar de tudo, não tinha ainda a infraestrutura nem a estatura capitalista de mercado. A mais importante e popular emissora daquela época, a Rádio Nacional, era propriedade do governo federal. Guardadas as devidas proporções de tempo, espaço e avanço tecnológico, sua força de comunicação correspondia, contemporaneamente, ao poder que tem hoje a Rede Globo de Televisão. Até porque era uma das poucas emissoras que operava também em sistema de ondas curtas, cobrindo todo o território nacional. Mesmo assim, convém esclarecer: o país não tinha um sistema de comunicações que o integrasse como vemos atualmente.

Nesse aspecto, como já registramos anteriormente, é só no governo de Juscelino Kubitschek que podemos identificar uma indústria cultural no Brasil. E a indústria americana que já havia mandado os filmes de Tarzan, as revistas do *cowboy* Tom Mix, a coca-cola e o rádio de pilha, agora nos mandava o *rock'n'roll*. Questões ideológicas à parte (discutiremos um pouco mais à frente), esse estilo musical realmente impactou a sociedade brasileira e, em especial, grande parte da nossa juventude. O Brasil, porém, não foi exceção. Este impacto a que me refiro aconteceu em todo o mundo onde chegou o *rock'n'roll*. Aqui devemos registrar um aspecto importante. A música popular brasileira, que já tinha a "velha guarda" interpretando o samba-canção e a partir de 1958 a Bossa Nova (o disco "Chega de Saudade" gravado naquela época por João Gilberto é considerado como o início de todo o movimento), passaria agora a conviver com o *rock'n'roll* americano. Antes disso, é claro, já havia outros ritmos, mas menos expressivos no tocante à

A Cultura da Juventude

sua popularidade. São os casos da rumba e do mambo cubanos, do bolero hispano-mexicano, do *jazz* e do *foxtrot* americanos.

O *rock'n'roll* chega ao Brasil em 1955, ironicamente, na voz de uma artista brasileira: a cantora Nora Ney, conhecida intérprete de boleros e sambas-canções nos anos 40. Em arriscada jogada comercial, ela gravaria *Rock Around the Clock,* mas não aconteceu o sucesso esperado. A explicação é obvia, mas necessária. O público de Nora Ney era o da chamada "velha guarda", acostumado a ouvir suas músicas lentas, tristes, de "dor-de-cotovelo" e não acolheu bem a música de Bill Haley. A juventude, de sua parte, não tinha a mínima identidade com a cantora de boleros. O resultado já sabemos, foi desastroso. Assim, embora o ano de 1955 marque a entrada do *rock'n'roll* no Brasil, é só em 1956 que nossa juventude vai efetivamente vivenciá-lo. Naquele ano este ritmo chegaria até nós, através do filme *Ao Balanço das Horas,* cuja trilha sonora era nada menos que a música *Rock Around the Clock ,*interpretada por Bill Haley e seus Cometas.[26]

Para a juventude urbana brasileira foi um acontecimento indescritível e surpreendente. Em São Paulo e Rio de Janeiro, as salas de cinema ficaram superlotadas e houve tumulto durante as primeiras sessões do filme. Os jovens, mesmo durante a apresentação, queriam dançar o *Rock Around the Clock.* Por diversas vezes, o filme seria interrompido para restaurar a ordem. Todos os veículos de comunicação passaram a noticiar os acontecimentos, mas com certo tom de preocupação, reprovação e censura ao comportamento dos jovens. Presenciávamos momentos de euforia e de verdadeira catarse coletiva vividos pela juventude brasileira. O jornalista Antônio Aguillar apresenta descrição precisa e detalhada

---

26. A gravação de *Rock Around the Clock* de Bill Haley e seus Cometas é de 1954. Uma espécie de cover da canção de *Sonny Dal, We're Gonna.* Somente após um ano de gravação é que a canção de Bill Haley faria realmente sucesso em "Sementes da Violência". No decorrer do tempo, porém, esta música foi adquirindo cada vez mais importância histórica. Como diz o jornalista e pesquisador Roberto Muggiati, "uma verdadeira orgia rítmica comprimida no espaço exíguo de dois minutos e dez segundos (aparentemente tão pouco tempo, mas suficiente para mudar a história da música), foi a sua obra-prima, uma espécie de 'Marselhesa do Rock'".

O *rock'n'roll* chega ao Brasil

da primeira exibição de *Ao Balanço das Horas* em São Paulo. Diz ele: "Na mesma época, jovens alucinados pelas músicas do filme *Ao Balanço das Horas* praticamente destruíram as poltronas do Cine Art Palácio, na Avenida São João, no centro de São Paulo, durante a primeira projeção do filme.

No começo os jovens se limitavam a aplaudir e assobiar. Aos poucos, porém, a coisa foi esquentando. A moçada começou a dançar e pular em cima das poltronas. Mas para dançar o *rock* é preciso espaço. E eles não tiveram dúvida: arrancaram as poltronas e improvisaram uma pista de dança. A polícia foi chamada para pôr fim ao tumulto. No dia seguinte, o fato era notícia em todos os jornais. A repercussão foi tamanha que o então governador Jânio Quadros assinou um decreto ou um bilhetinho (como era de seu hábito), determinando a coibição desse tipo de manifestação e forte fiscalização do Juizado de Menores. No Rio de Janeiro também foram registrados tumultos e a censura ao filme foi elevada para 18 anos."[27]

Dessa forma, a influência de um segmento da cultura de massa norte-americana chegava ao Brasil, fortemente amparada no momento político e econômico que vivia nosso país. O desenvolvimentismo do governo de Kubitschek criaria essas condições. Não apenas no plano econômico, com o crescimento industrial e a modernização do país, mas também com a abertura do mercado cultural para o estrangeiro, apesar da crescente oposição política que se fazia no Congresso Nacional.

Assim é que, em 1956, com o filme *Sementes da Violência (Blackboard Jungle)*, instala-se definitivamente o *rock'n'roll* em nosso país. Ainda que, por questões ideológicas, se tenha resistências a esse estilo musical, não se pode negar seu grande impacto sobre a juventude brasileira (mas isso ocorreu em todo o mundo), muito menos no que diz respeito à questão do gosto

---

27. Aguillar, Antônio. *Histórias da Jovem Guarda*. São Paulo: Globo, 2005, p. 31.

musical brasileiro. Ao contrário de tantos outros ritmos que por aqui passaram como moda (a *rumba*, o bolero, o *foxtrot*, o *calipso*, a *beguine*, o *chá, chá chá* entre outros), o *rock'n'roll* veio para ficar. E mais do que isso, passaria a ocupar o espaço de outros ritmos internacionais vindos da própria América Latina, Estados Unidos e Europa. Eram canções e ritmos para dançar, interpretados por orquestras consagradas como Perez Prado, Xavier Cugat, Frank Pourcel e Henry Miller, entre outras.

Os grandes cantores e conjuntos musicais como Lucho Gatica, Gregório Barrios, Pedro Vargas, Maurice Chevalier, Charles Aznavour, Domenico Modugno, Trio Los Panchos, Trio Cristal, apenas para citar alguns, aos poucos seriam substituídos por cantores de *rock'n'roll*. E essa substituição não era uma questão de geração. Até porque a juventude que passaria a ouvir especialmente o *rock'n'roll*, antes ouvia todos os cantores, orquestras e trios acima citados. E não significa também que esses jovens tenham deixado de gostar subitamente dos outros ritmos para ouvirem apenas e tão-somente o *rock'n'roll*. Uma coisa, no entanto, era indiscutível. A predominância agora era do novo ritmo. Semelhante fenômeno dar-se-ia com os chamados ritmos brasileiros, mas com menor ênfase. O recém-criado movimento Bossa Nova receberia séria concorrência, uma vez que o público jovem universitário se dividiria entre este ritmo e o *rock'n'roll*. Já os outros gêneros mais regionais foram apenas levemente afetados. Estou me referindo à música sertaneja, ao baião, côco e xaxado nordestinos, além dos ritmos interioranos do país. Há uma explicação muito fácil para isso. A televisão estava apenas começando no Brasil e não tinha ainda alcance nacional. De outra parte, as emissoras de rádio, com suas "ondas curtas" não veiculavam o *rock'n'roll*, por considerá-lo um ritmo musical essencialmente urbano. Um pouco mais tarde, porém, tornar-se-ia insustentável esta idéia. A própria juventude do interior passaria a reivindicar uma programação musical de *rock'n'roll*. As emissoras de rádio, evidentemente, declinaram de suas convicções e passariam a atender a grande audiência dos jovens.

Nesse aspecto, portanto, em que pese questões ideológicas como, por exemplo, a descaracterização da música popular brasileira (o que, aliás, não aconteceu de fato) e a forte presença de um produto estrangeiro da cultura de massa no Brasil, não teria sentido reprimir o intenso desejo da juventude brasileira. E mais do que isso: com o *rock'n'roll*, estava surgindo em todo o mundo, inclusive em nosso país, uma nova cultura da juventude, menos subserviente como em outros tempos e muito mais ativa e ousada. Diria, mesmo, simpaticamente mais independente e rebelde. À ala conservadora da nossa imprensa, que tanto condenou o *rock'n'roll*, só lhe restava uma alternativa: desreprimir seus recalques maldizendo-o mas, ao mesmo tempo, tendo que ver a juventude brasileira jogar seu corpo no ar, na incrível coreografia deste novo ritmo musical acompanhado de dança.

Sem real motivo, logo se criou um adjetivo para expressar o comportamento desses jovens: a "juventude transviada". Em outros termos, pessoas que não obedecem aos padrões comportamentais vigentes. Ora, nada mais equivocado do que isso. Os jovens do início do *rock'n'roll*, salvo as exceções que justificam a regra geral, eram tão conservadores quanto seus próprios pais. Sempre estiveram de acordo com o *status quo,* como esperam a família e o Estado. A música é que era esteticamente revolucionária. Um pouco mais à frente, aí sim, surgiria uma parcela da juventude em todo o mundo que passaria a questionar o próprio *establisahment*. Refiro-me aos jovens que aderiram ao movimento da contracultura nos anos 60 e 70. O que não se poderia esperar, evidentemente, é que o jovem brasileiro dos anos 50 ficasse apenas contemplando e ouvindo Bill Haley cantar *Rock Around Clock,* Little Richard, *Tutti Frutti* e Elvis Presley, *Hound Dog.*

Na verdade, a expressão "juventude transviada" foi o nome de um filme do ator James Dean, figura emblemática da geração dessa época. O conteúdo do filme, se não era uma utopia pueril, estava muito próximo de sê-lo. Dean lançava seu automóvel em direção a um despenhadeiro, mas tinha que saltar do seu interior e

A Cultura da Juventude

evitar a queda fatal. Na verdade, uma prova de extrema coragem que precisava demonstrar porque, entre os amigos, isto significava *status* e liderança. Esse era um dos comportamentos que passaria a viger entre os jovens pós-*rock'n'roll*. O desafio ao perigo, o suspense e a alta tensão tornar-se-iam ingredientes obrigatórios em reuniões dos jovens dessa geração.

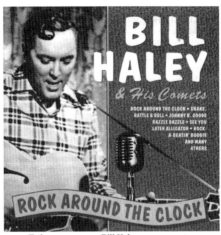

Tudo começou com Bill Haley e seus cometas.

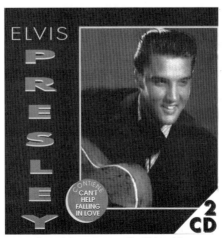

O grande ícone dos anos 50 e 60 é também o maior roqueiro de todos os tempos.

IV

Os precursores do *rock'n'roll* e a juventude brasileira

No Brasil, essas e outras práticas foram reproduzidas de forma semelhante, por jovens mais abastados economicamente. Refiro-me especialmente ao desafio ao perigo. Apenas, como exemplo, quero citar a prática da "roleta paulista". Ela consistia no seguinte: com seu automóvel em alta velocidade, o jovem teria que atravessar alguns cruzamentos sem parar, ainda que o semáforo estivesse vermelho para ele. Pensando bem, uma grande estupidez, que só ajudaria a consolidar a imagem de uma geração de jovens "rebeldes sem causa", muito embora injustamente.

É preciso interpretar esse comportamento quase suicida (ele é suicida) sob outra ótica, que não apenas o prazer de correr perigo, ou de sentir a adrenalina viajando pelo corpo. Além disso, havia todo um desejo exibicionista (mas sempre estúpido, a meu ver) de impressionar a platéia, os amigos e as mocinhas, que sempre assistiam a essa aventura com a respiração ofegante e a freqüência cardíaca no limite máximo do suportável. Esse prazer de correr perigo era uma sandice, é claro, mas era também uma espécie de "idade da inocência", especialmente se compararmos com o quadro de horror que vivemos em nossos dias. Os motivos da banalização

Os precursores do rock'n'roll e a juventude brasileira

desta violência potencializada teve diversas versões e explicações, mas não cabem no tema deste livro. Ao sair ileso de mais esta façanha, o jovem ganhava muito prestígio em seu grupo e passava a ter *status* de herói junto às mocinhas que, enfim, podiam suspirar aliviadas. Em outras palavras, era um perigoso instrumento de sedução mas que, ao longo do tempo, certamente ajudou a realizar alguns casamentos. Correndo perigo ou não, o fato é que esta era uma das formas que os jovens mais abastados da alta classe média e da burguesia endinheirada achavam para paquerar, exibir sua coragem e seus dotes patrimoniais. Afinal, ter automóvel naquela época não era algo comum. E, ainda assim, colocar a vida e o patrimônio em risco era alguma coisa considerada realmente fantástica. Era uma provação para jovens com vocação dos heróis. Seja como for, fazer bobagens nunca foi uma prerrogativa exclusiva dos adultos.

Para esse estranho comportamento, havia ainda uma grande platéia de jovens adolescentes já urbanizados, ou recém-urbanizados e vindos do interior. A política desenvolvimentista do governo Kubitschek trazia esses jovens para São Paulo. Cada um procurava seu espaço, mas todos traziam a vibração, a energia e o forte desejo de viver as aventuras da grande cidade. Como expectadores da "roleta paulista", o *footing* da "juventude transviada" era na Rua Augusta. Nessa época, uma região bem menos central na cidade como em nossos dias. Era nesse local que se realizava a aventura do flerte (expressão muito usada nessa época) e do namorico fugaz. Elegante e muito sofisticada nesse período (uma espécie de Shopping Iguatemi a céu aberto), durante a madrugada os jovens a tomavam inteiramente. As lanchonetes tão em moda, confeitarias, boutiques famosas, livrarias, casas de discos, as boates como a *Jazz Hot* e a *Canguru* tornavam ainda mais atraentes e coloridas as madrugadas dessa juventude.

As vespas, lambretas modelos LD e LI com garotas na garupa, os carros conversíveis ou os "rabos de peixe" emprestados do pai deslizavam incessantemente, para cima e para baixo, ao longo

A Cultura da Juventude

da Rua Augusta. Uma grande alegria, verdadeira homenagem e celebração ao prazer, à juventude e à paquera. Com suas indefectíveis jaquetas de couro estilo James Dean e calça rancheira (esse era o antigo nome do Jeans), esses jovens até que algumas vezes se envolviam em brigas. Coisa pouca, nada assustador. A Rua Augusta era, de fato, o grande eldorado noturno da juventude paulistana. A violência gratuita, praticamente inexistia. O exibicionismo, é claro, só poderia estar presente. Afinal, tratava-se da reunião de milhares

A luta pela liberdade de uma juventude reprimida.

de jovens paquerando e querendo viver intensamente sua juventude. Mas não passava disso. Até porque não havia clima para outra coisa que não o flerte, o amor fugaz e a alegria.

    De certo modo, a Rua Augusta era a antítese da "roleta paulista" que, por motivos óbvios (sempre lotada de carros), não se realizava nessa rua. Para o bem de todos, a cidade de São Paulo ainda era mais organizada nessa época. Ela tinha 3.500.000 de habitantes, poucos veículos em relação à população e seu trânsito mais disciplinado que o de nossos dias. Além disso, a "roleta paulista" era sempre realizada durante a madrugada. Assim, em que pese esta prática sinistra, os acidentes fatais não eram tão freqüentes. Mas, o suficiente para assustar a população. De qualquer modo, era assim que uma parte da juventude paulistana se divertia. Um tanto sinistra, mas era assim mesmo. Só uns poucos se arriscavam, mas a platéia era formada por muitos jovens a presenciarem o desafio ao perigo.

Como em nossos dias, naquela época a alta velocidade também já fascinava os adolescentes. Entre tantas canções em ritmo de *rock'n'roll* que refletem a imagem e o estilo de vida dessa juventude abastada, quero destacar justamente "Rua Augusta", composta pelo maestro Hervé Cordovil em 1963 e interpretada por seu filho, o cantor Ronnie Cord, que fez muito sucesso nessa época. No início, se ouve na canção o forte ronco do motor do carro, dando a noção de alta velocidade. Uma sonoridade que agradava muito os adolescentes. A seguir, o texto da canção:

"Rua Augusta"[28]

Entrei na Rua Augusta a 120 por hora
Botei a turma toda do passeio pra fora
Fiz curva em duas rodas sem usar a buzina
Parei a quatro dedos da esquina
Legal!!!
Hai, hai, hai, Johny, hai, hai Alfredo
Quem é da nossa gang não tem medo
Meu carro não tem breque
Não tem luz, não tem buzina
Tem três carburadores, todos três envenenados
Só pára na subida quando acaba a gasolina
Só passa se tiver sinal fechado
Bah!!!
Hai, hai, Johny, hai, hai, Alfredo
Quem é da nossa gang não tem medo
Toquei a 130 com destino à cidade
No Anhangabaú botei mais velocidade
Com três pneus carecas derrapando na raia
Subi a Galeria Prestes Maia
Tremendão!!!
Hai, hai, Johny, hai, hai, Alfredo
Quem é da nossa gang não tem medo

---

28. A letra de "Rua Augusta" foi extraída do CD número M60033, intitulado "Jovem Guarda", acervo especial, BMG Ariola Discos Ltda., 1993, São Paulo.

A Cultura da Juventude

O desafio ao perigo e o exibicionismo natural dos adolescentes não eram as únicas formas de comportamento. Não ter medo, desafiar as normas estabelecidas, enfrentar as autoridades públicas, entre outras coisas, eram comportamentos recorrentes nessa geração. Tanto é assim que, no mesmo ano de gravação de *Rua Augusta*, o então jovem Roberto Carlos compõe, com seu amigo Erasmo Carlos, a canção *Parei na Contramão*. Novamente, aqui, a canção inicia com o ronco do carro em alta velocidade e com pneus rangendo no asfalto. Segue-se o texto poético de frases como, "vinha voando no meu carro", "parei na contramão", "arranquei à toda sem querer avancei o sinal"[29] Essas e outras canções com temática de desobediência, de correr perigo, de namorar nas ruas, de liberdade, de pais rigorosos e de gangues rivais, por exemplo, nos dão a idéia, não só do clima da passagem dos anos 50 para os anos 60, como também da insatisfação daquela juventude.

Assim, quando se diz que eram jovens "rebeldes sem causa" não posso concordar. Aliás, não há como aceitar esse argumento. Eram, isto sim, "rebeldes com causa". Entre outras coisas, eles desejavam, sobretudo, mais liberdade. Esta era uma época em que a educação familiar ainda exercia rígido controle sobre o comportamento dos jovens. A sexualidade reprimida só permitia o ato sexual no casamento e a virgindade feminina era sua grande honra e orgulho da família. Em outros termos, um patrimônio moral intocável até a concretização do matrimônio. Portanto, é preciso entender que o *rock'n'roll* foi apenas o instrumento, o fio condutor de toda essa rebeldia, para que o jovem conquistasse a liberdade que até então não havia. Se não fosse esse estilo musical, outro acontecimento, certamente um pouco mais tarde, desencadearia esse enfrentamento de gerações. Não se tratava, naquele momento, de rebeldia gratuita, de desobediência por si mesma. Tratava-se,

---

29. Frases retiradas do CD intitulado "Roberto Carlos", número 850.265/2-464225, selo Colúmbia, 1994, São Paulo.

Os precursores do *rock'n'roll* e a juventude brasileira

isto sim, da conquista da liberdade, para que o jovem pudesse construir seu universo fora do alcance e da vigilância familiar. Uma reivindicação de privacidade justa e compreensível. E os argumentos aqui apresentados, a meu ver, já seriam suficientes para reconhecermos que eles, no mínimo, tinham alguma razão em sua rebeldia.

Portanto, a quase destruição do Cine Art Palácio em São Paulo e de outras salas no Rio de Janeiro, a interferência da polícia e do próprio governo paulista eram apenas uma espécie de introdução do que viria mais tarde. Quando *Bill Haley e seus Cometas* estiveram pela primeira vez no Brasil em 1958 (eles voltariam em 1975), os jovens tiveram de enfrentar a polícia para poder recepcioná-los. Em São Paulo, por exemplo, a apresentação do conjunto foi organizada pela Rádio e TV Record, no Teatro Paramount. Naquela ocasião, a avenida Brigadeiro Luis Antonio foi interditada para facilitar o trabalho da polícia e garantir a apresentação do conjunto. Uma verdadeira multidão de jovens ficou fora do teatro ameaçando entrar sem ingresso. Eles já haviam se esgotado e a organização do show não tinha outra alternativa, senão evitar a superlotação com pessoas além do previsível. Os próprios organizadores do "evento de abril", como foi chamado pela polícia, chegaram a pensar em cancelá-lo por questões de segurança. A polícia aconselhou a mantê-lo, por considerar o cancelamento uma grande temeridade. À parte as questões comerciais e contratuais, havia ainda, evidentemente, a preocupação de como reagiria a multidão de dentro e de fora do teatro. Não sem incidentes e em clima de alta tensão, *Bill Haley e seus Cometas* realizaram seu trabalho em São Paulo.

A essa altura, o *rock'n'roll* já era uma realidade e um fato consumado em nosso país. Algo assim, que mudaria radicalmente a cultura da juventude brasileira. Não era apenas uma coisa passageira, efêmera. Tratava-se, isto sim, de um ritmo libertário, que contribuiu definitivamente para a mudança de padrões de comportamento dos jovens brasileiros e, por extensão, da própria sociedade, especialmente no meio urbano-industrial. Não há como negar este fato. Importante

A Cultura da Juventude

é percebê-lo, não como um fenômeno apenas brasileiro. A presença de uma cultura de massa vinda especialmente dos Estados Unidos era o reflexo do fim da Segunda Guerra Mundial e da força econômica daquele país. Isso, no entanto, ocorreria em todo o mundo e não apenas no Brasil. E mais do que isso, o *rock'n'roll* foi só um produto a mais exportado. Porém, ao contrário de muitos outros, não era algo efêmero, como ocorre com a grande maioria das mercadorias oferecidas na sociedade de consumo, especialmente quando se trata de novidades. O *rock'n'roll* era, isto sim, uma grande revolução estético-musical em curso na música popular em diversos países.

A prova de todo esse movimento está no universo musical do *rock'n'roll* em nossos dias. É muito provável que não exista um país onde este estilo musical não tenha chegado. Talvez por questões político-ideológicas, haja algumas poucas exceções entre os países comunistas. Mas, nesse caso, não é uma questão de gostar ou não deste ritmo e sim de política do Estado. Não podemos esquecer que, quando ele aparece, vivíamos um dos períodos mais críticos da chamada "guerra fria", especialmente entre os Estados Unidos e a ex-União Soviética. Em outras palavras, havia uma nítida divisão político-ideológica que distanciava cada vez mais o Ocidente do Leste europeu.

É evidente que, com o *rock'n'roll*, chega também toda uma carga da cultura de massa americana. Padrões de comportamento que se evidenciariam no vestuário, na projeção do futuro de cada jovem, nas relações sociais, na gastronomia, entre outras coisas de significativa importância. O problema fundamental, porém, é saber até onde, de fato, a presença desta cultura de massa descaracteriza algo do "*ethos*" cultural do nosso país ou de qualquer outro. O tempo se encarregou de mostrar que, com a música popular, isto não ocorreu de forma tão dramática como se imaginava. Aliás, rigorosamente, não houve nenhuma grande transformação da nossa música, em face do aparecimento do *rock'n'roll*. Já faz cinqüenta anos que este ritmo chegou ao Brasil e nossa cultura popular, especialmente a música, não sofreu alterações estéticas que a descaracterizasse.

Assim, se este estilo musical incorporou alguns valores à canção popular brasileira, eles foram até bem-vindos, porque esteticamente nossa música popular os absorveu tão bem que permanece intacta. As transformações por que passou desde suas origens, até nossos dias, são decorrentes muito mais de releituras musicais que nossos compositores fizeram e fazem. E isso é natural. Essas experiências estéticas são necessárias e devem sempre ocorrer. São elas que dão a dinâmica imprescindível para a reciclagem e a atualização do repertório musical popular brasileiro. A outra parte é dada pelo contínuo contato com outros ritmos não brasileiros. Caso do *rock'n'roll*, por exemplo. A rumba, o mambo, o *foxtrot*, o bolero e tantos outros estilos musicais, já tiveram forte presença no Brasil. Nenhum deles, no entanto, foi prejudicial à nossa música e em especial ao samba.

De outra parte, não poderíamos esperar que desde as primeiras modinhas, lundus, maxixes e sambas ("Pelo Telefone", por exemplo), até os *Hip-Hops*, nossa canção popular mantivesse os mesmos padrões estéticos. Se assim o fosse, seguramente ela teria morrido ou desaparecido ao longo dessa trajetória. Sem renovação estética, nenhuma arte sobrevive. Por que razão a música popular sobreviveria? Apenas como exemplo, vale lembrar que, no final dos anos 30 e início da década de 40, surgiria no Brasil o samba-canção. Um ritmo híbrido, decorrente da fusão de elementos do próprio samba, da *rumba* e do bolero, como já mostramos anteriormente. De acentuado caráter melódico, aos poucos ele foi adquirindo as características que se adaptavam ao ritmo do samba carioca. Hoje, passados mais de 60 anos, o samba-canção é o lídimo representante dos saudosistas, de cantores da "velha-guarda", dos seresteiros e de compositores dos chamados temas sentimentais. A "dor-de-cotovelo", a paixão, a infidelidade, entre outros. Dito de outra forma, um ritmo tão brasileiro quanto as marchinhas de carnaval. Portanto, em face desses argumentos é que não tem sentido se "proteger" a música popular brasileira da influência de ritmos estrangeiros. É um zelo excessivo e até desnecessário, como já vimos.

A Cultura da Juventude

Nos anos 50, quando o mercado de consumo no Brasil abre suas portas para a entrada de produtos do exterior, temos o início propriamente dito da cultura de massa em nosso país. Toda a literatura sociológica sobre este fenômeno mostra que são produtos e objetos efêmeros. Desde os escritos de Theodor Wiesgrund Adorno, quando elabora sua teoria crítica da cultura, passando pelas análises competentes e de rara sagacidade de Jean Baudrillard, até as ponderações de Alan Swingewood, há consenso quanto ao caráter fugaz da cultura de massa.[30] Esse é um dos poucos momentos em que as barreiras político-ideológicas desaparecem entre os estudiosos do tema. É por essa época também que chegam ao Brasil os mais diferentes ritmos, acompanhados do *rock'n'roll*. Dentre eles, os mais conhecidos são o *Cha, cha, cha,* o *Twist* e o *Calipso*. Como produtos da cultura de massa, apenas o *rock'n'roll* sobreviveu e se consolidou. Era um período, em nosso país, muito diferente do que vemos hoje. A competitividade entre os veículos de comunicação era quase inexistente, se comparada aos dias de hoje. O sucesso de uma canção, por exemplo, dependendo da sua empatia com o público, poderia permanecer por muito tempo, isto é, de seis meses a um ano, freqüentando as "paradas de sucesso". Apenas como ilustração, em 1959, as canções *Estúpido Cupido*, de Howard Greenfield e Neil Sedaka, interpretada por Celly Campello, *I Need Your Love Tonight*, de Elvis Presley e *Argumento*, de Adelino Moreira, interpretada por Nelson Gonçalves, permaneceriam em evidência na "parada de sucessos", por nada menos que dez meses.[31]

Hoje, é claro, isto seria impensável. A velocidade com que a indústria fonográfica apresenta seu grande volume de CDs a todo momento, para divulgação nos veículos de comunicação, não dá

---

30. As discussões sobre teorias da cultura de massa já foram feitas por mim em livros anteriores a este. Para não me repetir, mas também para informar melhor ao leitor, quero indicar algumas obras básicas sobre o tema. São elas: Cohn, Gabriel. *Comunicação e indústria cultural*, São Paulo, Cia. Editora Nacional, 1978, Baudrillard, Jean. *Para uma crítica da economia política do signo*, São Paulo, Elfos Editora, 1995. Swingewood, Alan. *O mito da cultura de massa*, Rio de Janeiro, Editora Interciência, 1978, entre outras.

31. Estes dados estão contidos no livro, *No embalo da Jovem Guarda*, de Ricardo Pugialli, publicado em 1999, pela Ampersand Editora, Rio de Janeiro, s.d.

mais espaço para o sucesso duradouro. Como todos os produtos da cultura de massa, a canção popular também adquiriu um caráter fugaz. Atualmente, cantores-compositores, ou apenas cantores, lançam seus CDs e, em que pese todo um trabalho de divulgação, já não é mais um acontecimento, não há mais a impacção de outras épocas, quando a concorrência ainda procedia de forma quase artesanal. Como se fosse um compadrio. Em nossos dias a canção popular é volátil; rápida passageira que não aporta em lugar nenhum, embora seu destino seja a indiferença e a deslembrança. Só os pesquisadores podem resgatá-la. Apenas resgatá-la, mas não devolvê-la ao sucesso.

A não existência dessa fugacidade nos anos 50 e 60 deu ao *rock'n'roll* a estabilidade suficiente para que ele se consolidasse. E mais: é preciso notar que era um movimento musical de renovação estética, não só nos componentes formais da canção, mas na coreografia, ou seja, na própria forma de dançar. Se no samba, no samba-canção, no bolero e em outros ritmos os casais dançavam entrelaçados, no *rock'n'roll* isso já não acontecia. Os requebros e meneios dos jovens, além de toda a graciosidade e da extrema sensualidade, davam a este ritmo características inteiramente originais. Em um desses momentos, a jovem adolescente faz a pirueta sobre seu par, sem se preocupar com o fato de que aquele gesto seria escandaloso para a época. É que a calça comprida ainda não era a quase unanimidade para as mulheres como é em nossos dias.

Assim, se por um lado, o estilo godê ou plissado de suas saias, muito em voga nesse tempo, facilitava seus movimentos embelezando ainda mais a coreografia, de outra parte, chocava os mais puritanos e moralistas que viam as adolescentes literalmente de pernas para o ar. Era algo realmente inovador, não só para a juventude, mas também para toda a sociedade. Como mostra Augusto de Campos, "o hábito e a rotina deformam a sensibilidade, convertendo, frequentemente, o conjunto de conhecimentos do receptor num tabu, em leis 'sagradas' e imutáveis. Daí a reação que provocam as inovações, principalmente nos ouvintes mais velhos,

A Cultura da Juventude

presos a uma tábua rígida de convenções, enquanto as gerações mais novas, obviamente menos deformadas pelo código erigido em tradição petrificada, encontram menores dificuldades para aceitar o rompimento com as fórmulas ou o alargamento do repertório."[32]

Pois foi precisamente isto o que aconteceu com a chegada do *rock'n'roll* ao Brasil. Se, de uma parte, esta combinação canção/coreografia gerou desconforto social, conflito de gerações e rebeldia, de outro lado, exerceu um fascínio que de fato encantou nossa juventude. E aqui, um pouco diferente da Bossa-Nova, por exemplo, que ficou mais circunscrita a uma elite de jovens universitários em sua maioria, o *rock'n'roll* transcendeu essa estratificação social sem ferir valores culturais de classe. Aliás, ao contrário, porque no decorrer do tempo, como presenciamos contemporaneamente, o *rock'n'roll* passou a ser um ritmo de todas as classes sociais em nosso país. Este fenômeno tornou-se mais evidente a partir dos anos 80, com o surgimento de um grande número de bandas de *rock'n'roll* que surgiriam justamente a partir desta década. São os casos de "Barão Vermelho", "Blitz", "Paralamas do Sucesso", "Titãs", "Ultraje a Rigor", "Legião Urbana", "Engenheiros do Hawaí", apenas para citar algumas. Inúmeras delas foram muito bem aceitas por parte da juventude brasileira. Mas, como quase sempre ocorre no universo da música "*pop*", tiveram seu tempo de existência e extinção.[33]

Convém esclarecer, no entanto, que esta aceitação do *rock'n'roll* pelos jovens brasileiros nem sempre se traduziu só pela compra do disco. Naquela época chamava-se *long-play*. O consumo musical nos anos 50 e 60 se faria também e em escala considerável por meio da audição de programas de rádio e auditório, destinados especialmente à juventude. É o caso, por exemplo, do programa da Rádio Bandeirantes, intitulado "Telefone Pedindo

---

32. Campos, Augusto de. *Balanço da Bossa e outras bossas*, São Paulo, Perspectiva, 1968, p. 181.

33. Sobre o rock brasileiro dos anos 80, convém consultar o livro de Arthur Dapieve, intitulado *BRock*, São Paulo, Editora 34, 1995.

Bis". Apresentado por Enzo de Almeida Passos, ele ia ao ar em ondas médias e curtas para todo o Brasil, diariamente, de segunda-feira a sábado. No último dia da semana, o destaque do programa era dado aos campeões de cada dia. Nesse período, as poucas pesquisas de audiência que haviam davam sempre a liderança à Rádio Bandeirantes e, entre seus programas, ao "Telefone Pedindo Bis". Portanto, era uma época em que, além da compra do disco, devemos considerar o consumo auditivo. A concorrência entre as emissoras de rádio pela audiência motivava o aparecimento de programas de *rock'n'roll* especialmente dedicados àquela parte da juventude que gostava deste ritmo, mas não tinha poder aquisitivo para comprar todas as novidades lançadas no mercado discófilo. Se comparados com os dias de hoje, os lançamentos eram muito poucos, mas sempre apareciam.

Um aspecto bastante significativo é que os programas de rádio, ao contrário de registros feitos em outros estudos, não colocavam a Bossa Nova em oposição ao *rock'n'roll*. O que havia, naturalmente, era a preferência de um *disc-jockey* (esse era o termo usado na época), do apresentador do programa de rádio, por um ou por outro estilo musical. Aí sim, por maior equilíbrio e imparcialidade de parte desses profissionais, involuntariamente ou não, sempre deixavam transparecer sua preferência. Assim, por exemplo, na própria Rádio Bandeirantes (o que não era exceção), em certos horários e programas, prevalecia a ênfase no estilo bossa nova. O programa apresentado por Walter Silva, intitulado "Sítio do Pica-pau" era quase todo dedicado à música popular brasileira. Já em 1961, em "Os Brotos Comandam" com Sérgio Murilo, a preferência era destacadamente pelo *rock'n'roll*.

Mas é mesmo em "Telefone Pedindo Bis", que encontramos a maior diversidade de gostos musicais. Por ser um programa de rádio cuja seleção das canções era feita pelo ouvinte através do telefone, não havia "privilégios" para a Bossa Nova ou o *rock'n'roll*. Para se ter uma idéia, músicas de Nelson Gonçalves, Elvis Presley, Agnaldo Rayol, Paul Anka, João Gilberto, Núbia Lafayete, Sérgio

A Cultura da Juventude

Murilo, Ângela Maria, Celly Campello e tantos outros de diferentes estilos freqüentavam rotineiramente, no fim dos anos 50 e início da década de 60, a parada de sucessos do "Telefone Pedindo Bis". Apenas para ilustrar, se Paul Anka foi o campeão de pedidos em 1958, com sua música *Diana,* conhecida até pelos adolescentes de hoje, em 1959, João Gilberto teve méritos iguais, apresentando "Chega de Saudade" e "Desafinado", duas canções definitivas do nosso cancioneiro popular. Já em 1960, o cantor da chamada velha guarda, Nelson Gonçalves, foi o grande destaque com as canções, "Meu Dilema" e "Argumento". Na mesma proporção de importância e popularidade junto ao público, estava "Presidente Bossa Nova", de Juca Chaves. A canção que, a meu ver, retrata com extrema fidelidade e bom humor, os anos do governo Juscelino Kubitschek. Aliás, boa parte da obra musical deste compositor é dedicada à sátira política. Como nunca se alinhou politicamente com a esquerda ou a direita, Juca Chaves foi sempre criticado por ambas as tendências ideológicas que, injustamente, a meu ver, rechaçam seu trabalho sem conhecê-lo a fundo. Convém aos interessados em

O maior ídolo do rock-balada.

política brasileira conhecê-la melhor. Para não me alongar mais em exemplos, quero apenas mencionar a predominância, em 1961, de *It's Now or Never* (O Sole Mio), interpretada por Elvis Presley. Como informação complementar, devo registrar o seguinte: uma parte da crítica especializada considera esta versão italiana o maior sucesso de Elvis. De qualquer modo, não podemos falar de apenas uma canção de grande sucesso do "Rei do Rock". Até porque toda sua obra musical permanece até nossos dias no catálogo da sua gravadora. Isto significa dizer que seus discos continuam sendo procurados pelo público, após 31 anos de sua morte.

Ainda no ano de 1960, Enzo de Almeida Passos iria apresentar o programa "Festival de Brotos", cuja predominância entre os pedidos dos ouvintes era de Bossa Nova e *rock'n'roll*. Visto assim, portanto, a rivalidade que se dizia existir entre esses dois estilos musicais não tem nenhum fundamento. Ela foi muito mais um produto de *marketing* do que realidade. Sempre houve e continua havendo público para ambos os ritmos. Criar antagonismos fictícios sempre foi algo muito rentável no universo da cultura de massa. Especialmente quando essa pseudo-rivalidade envolve ídolos populares e produtos à venda de grande alcance como a música popular. Aliás, a presença dessa técnica de forjar intrigas chegaria mesmo até à época do programa "Jovem Guarda", comandado por Roberto Carlos na TV Record, na segunda metade dos anos 60. A bem da verdade, boa parte dos veículos de comunicação alimentava publicamente esta imagem de rivalidade. No decorrer do tempo, porém, não seria mais possível explorar este assunto. O Tropicalismo, quando surge em 1967, se encarregava de remover as fronteiras estéticas entre a música popular brasileira e a chamada música *pop*.[34]

---

34. Sobre a importância do Tropicalismo como movimento estético-musical, convém consultar os livros de Celso F.Favaretto, *Tropicália – alegoria, alegria*, São Paulo, Kairós, 1979 e o de Augusto de Campos já citado anteriormente.

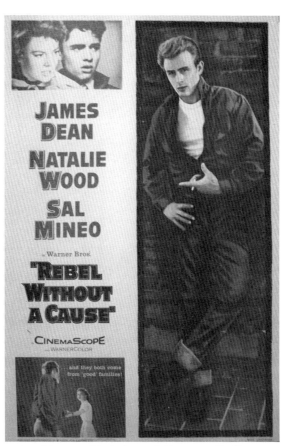

A imagem perfeita dos jovens rebeldes nos anos 50 e 60.

V

A juventude e as origens do *rock'n'roll* brasileiro

Mas, ao lado dessa polêmica postiça, artificial, proliferavam cada vez mais os programas musicais especializados em *rock'n'roll*. O rádio e a televisão passariam a apresentar e a organizar *shows* para a juventude, tendo este estilo musical como "carro-chefe" da sua programação. Em 1958, ainda em início de carreira artística, os irmãos Tony e Celly Campello (seu verdadeiro nome era Célia Benelli Campello) já participavam do programa "Campeões do Disco", levado ao ar pela extinta TV Tupi. No ano seguinte, a TV Record os levou para comandar mais um *show* destinado à juventude. Todas as terças-feiras eles apresentavam o "Celly e Tony em Crush Hi-Fi". Aqui cabe uma rápida explicação aos adolescentes de hoje: Crush foi um refrigerante muito consumido entre os anos 50 e 70 e *Hi-Fi* era a abreviação do som de alta fidelidade, *High Fidelity* em inglês.

Dirigido por Nelson Duarte, neste programa trabalhavam, ainda, Zuza Homem de Mello e Solano Ribeiro, duas importantes figuras da nossa música popular. Pode-se dizer que foi o primeiro programa televisivo dirigido especialmente à juventude brasileira adepta do *rock'n'roll*. O maestro Mário Genari Filho, diretor da gravadora Odeon se encarregava da parte musical. Foi ele também quem levou os irmãos Campello a gravarem seu primeiro disco. Suas composições em inglês, *Forgive me* e *Handsome boy*, foram

A juventude e as origens do *rock'n'roll* brasileiro

interpretadas, respectivamente, por Tony e Celly Campello em um compacto. Naquela época (1958) era um disco pequeno, chamava-se também *extend-play* e tinha 45 rotações. O disco não aconteceu. As vendas foram bem modestas e parte desse insucesso foi atribuído ao fato de as gravações terem sido feitas em inglês.

Apesar de toda a força do *rock'n'roll* americano nessa época com Elvis Presley, Rick Nelson, Little Richard e outros, a juventude brasileira não prestigiou *Forgive me* e *Handsome boy*, de Tony e Celly Campello. O mal começo, no entanto, não inibiria as pretensões artísticas dos irmãos Campello. No ano seguinte, 1959, Celly gravaria seu primeiro grande sucesso. A canção do compositor/cantor Neil Sedaka e Howard Greenfield, intitulada *Stupid Cupid*, foi vertida por Fred Jorge (ele se especializou em fazer versões nessa época) e recebeu o título de "Estúpido Cupido". No ano de 1960, Celly Campello gravaria a canção de P. de Fillipi e F. Migliaci, *Tintarella di Luna*, também vertida para o português por Fred Jorge, com o título "Banho de Lua". A partir desta gravação e do sucesso por ela alcançado, a cantora Celly Campello consolidaria seu nome como a grande representante do *rock'n'roll* no Brasil, ao lado de Sérgio Murilo que, nesse mesmo ano, gravaria pelo selo Colúmbia, a canção "Marcianita".

Assim, em 1961, ambos foram eleitos pela recém-criada *Revista do Rock*, respectivamente, a rainha e o rei do *rock'n'roll* no Brasil. Um título aparentemente inexpressivo, mas que resultaria em convites de todos os canais de televisão e diversas emissoras de rádio, impulsionando ainda mais a carreira artística de ambos. Convém registrar que a outorga do título de "Rei" e "Rainha" do *Rock* só foi feita após eleição realizada pela *Revista do Rock* junto ao público. Antes de abandonar sua profissão em 1962 para casar-se, Celly Campello gravaria ainda algumas canções que ficariam muito conhecidas. Elas integram a lista das músicas que fizeram a história inicial do *rock'n'roll* em nosso país. São elas: "Biquíni Amarelo", "Broto Legal", "Lacinhos Cor de Rosa", "Garota Solitária" e "Trem do Amor". Por conta de seu sucesso como cantora, ela teria duas incursões no cinema brasileiro, acompanhada do seu irmão Tony Campello. Em 1959, a convite do

A Cultura da Juventude

conhecido comediante Amácio Mazzaropi, os irmãos Campello (o destaque no filme foi mesmo para Celly) participariam do filme *Jeca Tatu*, apenas pelo seu prestígio como cantores. Novamente, em1961, eles voltam a participar, agora com o cantor George Freedman, do filme "Zé do Periquito", também estrelado por Mazzaropi. O mesmo já havia ocorrido com Sérgio Murilo. Em 1961, quando ele foi eleito *"Rei do Rock"*, Roberto Carlos apenas iniciava sua carreira artística na gravadora Colúmbia. Os dois foram, de fato, grandes concorrentes durante toda a década de 60. É possível que, de alguma forma, essa competição profissional entre ambos (muito raramente, nesses casos, o problema se restringe apenas a questões profissionais), explique a ausência de Sérgio Murilo no elenco que formava o programa "Jovem Guarda", da TV Record, comandado por Roberto Carlos, a partir de 22 de agosto de 1965. Nascido no Rio de Janeiro, a trajetória de Sérgio Murilo começa aos oito anos quando cantava no programa "Os Curumins da Rádio Tamoio do RJ", onde ganhou o concurso de melhor cantor infantil.

Passando pelo programa "Trem da Alegria", da Rádio Mayrink Veiga, ele chega à TV Rio, onde se apresentava no "Gente Importante", como destaque dos intérpretes da música jovem. Sua incursão no cinema, do mesmo modo que Celly e Tony Campello, se restringiu a dois filmes da Companhia Atlântida. São eles: *A Grande Vedete*, com Dercy Gonçalves e *Alegria de Viver,* com Eliana, Yoná Magalhães e John Herbert, ambos em 1958. Neste último filme, Sérgio Murilo contracena com a atriz Eliana, ensinando-lhe a dançar o *rock'n'roll*. Foi o primeiro filme brasileiro a usar este ritmo como trilha sonora. Em 1959 ele grava o seu primeiro disco 78 rotações com as canções, "Menino Triste" e "Mudou Muito". Da mesma forma que já havia acontecido com Celly Campello, seu primeiro disco teve discreta vendagem. No ano seguinte (1960), porém, com a gravação de "Marcianita", Sérgio Murilo tornou-se nacionalmente conhecido. Seguiram-se depois, sucessos como "Broto Legal", "Brotinho de Biquíni" e "Abandonado". São canções importantes no início da formação do *rock'n'roll* no Brasil. Elas marcariam fortemente a geração daquela época. Constam ainda do seu repertório nesse período, as interpretações de versões de algumas canções de Paul Anka como, por exemplo, *Put You Head on My Shoulder* e de Neil Sedaka, *Oh Carol*. Nesse aspecto, portanto, em que pese o fato de Cauby Peixoto ter gravado, em 1957, o primeiro *rock'n'roll* composto no Brasil ("Rock'n'roll em Copacabana", de Miguel Gustavo), pode-se dizer que Tony Campello, Celly Campello e Sérgio Murilo são, de fato, os verdadeiros precursores desse ritmo em nosso país. Se, de uma parte, os dois irmãos estavam fazendo este trabalho em São Paulo, o carioca Sérgio Murilo realizava, simultaneamente, a mesma coisa no Rio de Janeiro e na mesma época. Não por acaso, enfatizo uma vez mais, "Boogie do Bebê" e "Pertinho do Mar", com Tony Campello, "Estúpido Cupido", "Lacinho Cor de Rosa" e "Banho de Lua", com Celly Campello e "Marcianita", "Tu Serás"e "Abandonado", com Sérgio Murilo, são canções emblemáticas para a juventude no início do *rock'n'roll* no Brasil.

A despeito da grande força das canções de Elvis Presley, Paul Anka, Neil Sedaka e Rick Nelson, junto aos jovens brasileiros, pode-se dizer que o *rock'n'roll* brasileiro mesmo nasce nesse momento, ainda que baseado em versões de músicas estrangeiras. Esta era uma época em que o idioma inglês não era tão predominante no cotidiano das pessoas, especialmente dos jovens da classe média como em nossos dias.[35] Assim, a grande maioria dos adolescentes que ouvia Elvis Presley, Paul Anka e outros, nada entendiam do texto poético da canção. Isso não impede, evidentemente, de vibrarem com o ritmo e de dançarem a sensual coreografia do *rock'n'roll*. Com as versões, em sua grande maioria feitas por Fred Jorge, tudo se tornaria mais fácil para o surgimento do *rock'n'roll* brasileiro.

---

35. Nessa época, final dos anos 50 e início da década de 60, os Estados Unidos, grandes vencedores da Segunda Guerra Mundial, passariam a usar de uma política agressiva em todos os sentidos. Na economia, na política internacional, nos investimentos tecnológicos e na ciência. Os grandes cientistas de todo o mundo, nesse momento, iriam trabalhar para o Estado americano. Com esses acontecimentos, o idioma inglês tornar-se-ia cada vez mais predominante.

A Cultura da Juventude

Reinhard Rudolf Wagner: exemplo de um jovem roqueiro acompanhado de seus ídolos. Acima, ensaiando seus passos de *rock'n'roll*.

O espaço conquistado nos meios de comunicação, especialmente o rádio e a televisão, foi importante nesse processo. Ele não se restringiu àqueles já citados aqui, ou seja, os programas "Telefone Pedindo Bis", "Os Brotos Comandam" e "Festival de Brotos", todos da Rádio Bandeirantes. "Campeões do Disco", da TV Tupi de São Paulo, "Alô Brotos" da TV Tupi do Rio de Janeiro e "Os Brotos Comandam", versão carioca da Rádio Guanabara, do programa homônimo da Rádio Bandeirantes de São Paulo. Surgiriam ainda, entre 1961 e 1962, "Peça Bis Pelo Telefone", "Hoje é Dia de Rock", ambos da Rádio Mayrink Veiga, "Parada do Rock" e "Revista do Rock no Ar" da Rádio Globo, "Ritmos para a Juventude", da

Rádio Nacional de São Paulo, "Festival de Brotos", da TV Tupi de São Paulo e "Os Brotos Comandam", da TV Continental do Rio de Janeiro. Como podemos ver, alguns programas se repetiam em São Paulo e Rio de Janeiro mantendo, inclusive, o mesmo nome. Um dos programas de maior audiência no Rio de Janeiro era "A Parada do Rock" da Rádio Globo, apresentado por Abelardo Chacrinha Barbosa ou, simplesmente Chacrinha, o maior comunicador de massa do país, certamente ao lado de Silvio Santos. Vale destacar, no entanto, que quando o *rock'n'roll* chega ao Brasil pelas canções de Bill Haley e seus Cometas, Elvis Presley, Paul Anka e outros, Chacrinha não o aceitou e fazia forte pressão contra este ritmo em seu programa radiofônico, o famoso "Discoteca do Chacrinha". Mesmo com as versões gravadas por cantores brasileiros, sua oposição ao *rock'n'roll* permanecia. Certa vez declarou em seu programa que, em uma oportunidade bem próxima, acabaria com a "praga do rock". Por conta de seus constantes e ácidos pronunciamentos contra esse estilo musical, passou a ser ameaçado de morte pelo telefone durante vários dias. Provavelmente, brincadeira de algum adolescente amalucado. No decorrer do tempo, porém, a fúria do "velho guerreiro" foi ganhando outros contornos, se amainando, até reconhecer que o *rock'n'roll* no Brasil era uma realidade irreversível. Veio para ficar e não era um modismo a mais da indústria cultural que estivesse apenas de passagem.

De fato, o *rock'n'roll* atravessou o tempo, permanece vivo e atuante até nossos dias. Não há dúvida de que, entre todos os ritmos existentes, ele é hoje o mais globalizado, no sentido de estar em todas ou quase todas as partes do mundo. De qualquer modo, convém registrar que não só Chacrinha resistiu ao novo ritmo americano no Brasil . Outros apresentadores como Flávio Cavalcanti, Blota Júnior e Carlos Aguiar, apenas para citar alguns, também resistiram de forma ostensiva e quase xenófoba ao *rock'n'roll*. Seria compreensível e natural uma oposição a este estilo musical por todas aquelas pessoas que dele não gostavam. Não precisamos nem somos obrigados, por qualquer motivo, a aceitar e concordar com as inovações, com a notória

A Cultura da Juventude

revolução estético-musical ocorrida a partir da metade dos anos 50, com Bill Haley e seus Cometas. E esta recusa torna-se ainda mais forte, quando se trata de um ritmo estrangeiro. Existe, nesse caso, uma forte carga ideológica que passa, entre outras coisas, pela hegemonia americana, cada vez mais consolidada nos países latino-americanos. Realmente, este é um fato incontestável. De lá para cá, a predominância econômica, política e, por extensão, cultural dos Estados Unidos na América Latina tem se tornado cada vez mais ampla. Por outro lado, se analisarmos todas as relações entre os países sob o prisma unicamente ideológico, correremos o sério risco de banalizar nosso discurso, de fazer pressuposições artificiais e, mais do que isso, de criar deformações ideológicas.[36] É evidente que não devemos aceitar, sob qualquer hipótese, a tutela de nenhum país. Isso nem se discute. Ao contrário, devemos repeli-la veementemente e sempre. É simplesmente uma questão de soberania, de autodeterminação e de direito internacional. De outra parte, a atmosfera que se criou naquela ocasião contra o *rock'n'roll*, certamente, não foi boa para ninguém. A aversão por aquilo que é estrangeiro (xenofobia) sempre se mostrou prejudicial à cultura. E a resistência por boa parte da imprensa, realmente desviou o tema para essa direção.

O mais elementar princípio da antropologia cultural nos mostra que a "interpenetração cultural", isto é, a penetração recíproca de duas ou mais diferentes culturas não significa, necessariamente, a predominância de uma sobre a outra. O conflito cultural e os posteriores danos só se dão quando existe a intenção deliberada de posse territorial, ou seja, de domínio mesmo. Aí sim, ocorre o fenômeno que os antropólogos chamam de "fricção cultural", isto é, o choque de culturas. Talvez o melhor exemplo, nesse caso, seja mesmo a forma como os portugueses realizaram

---

36. Não sem motivos, adverte o antropólogo Clifford Geertz que, "constitui, sem dúvida, uma das pequenas ironias da história intelectual moderna o fato do termo 'ideologia' se tornado, ele próprio, totalmente ideológico." *A interpretação das culturas*. Rio de Janeiro: Zahar,1987.

A juventude e as origens do *rock'n'roll* brasileiro

suas colonizações na época dos grandes descobrimentos. E um bom modelo para entendermos como se dá esse processo é observar o caso brasileiro. Os hábitos, costumes, usos, tradições, enfim, a cultura indígena, sempre que alcançada pelo colonizador português, era simplesmente desconsiderada. Pior: dizimada. Esta herança, lamentavelmente, ficou para a civilização brasileira. Tanto é assim, que a dizimação ainda está em curso.

Nesse sentido, portanto, aquela parcela purista e muito bem-intencionada da imprensa, preocupada em "proteger" a cultura musical brasileira da presença do *rock'n'roll*, não tinha motivos para agir com tanta recusa. Foi um equívoco e hoje é um fato consolidado. Mas, o erro é compreensível, embora inaceitável. Agora, passados 50 anos, é mais fácil entendermos todo esse processo. É que o Brasil do governo de Juscelino Kubitschek, apesar da sua política desenvolvimentista, vivia ainda sob forte influência nacionalista dos tempos de Getúlio Vargas. Assim, gostar de *rock'n'roll* não significava, como não significa hoje, gostar ou não dos Estados Unidos ou da sua política predominantemente imperialista e intervencionista. Basta ver os casos da Guerra do Vietnã, a invasão do Panamá para prender seu presidente sob alegação de tráfico de drogas, as duas invasões do Iraque e as diversas tentativas de invadir Cuba e desestabilizar o governo cubano. Não há o que se discutir sobre esse comportamento arrogante do governo americano. Ele erra, sente-se o "xerife do mundo" e, por conta de toda sua embófia, semeia coletivamente a destruição e a morte de multidões. A história contemporânea registra todos esses fatos. Em contrapartida, atrai para si, também, a profunda antipatia de grande parte da civilização. Não por acaso, é o país mais visado por atentados em todo o mundo.

E aqui cabe uma pergunta: o que a juventude americana, brasileira, enfim, os jovens de todo o mundo em suas respectivas gerações tinham e têm a ver com a insensatez de governantes que privilegiam uma política desrespeitosa, predominantemente imperialista, como já mencionei acima? Evidentemente nada. Eles não tinham nenhuma responsabilidade sobre o jogo sujo da "guerra

A Cultura da Juventude

fria" entre as superpotências, das articulações políticas espúrias, da ganância pelo poder, pela conquista do espaço e a da hegemonia política sobre o planeta a qualquer preço. Aliás, ao contrário, a juventude de todo o mundo, ironicamente, sempre lutou pela paz. É uma ironia sim, porque luta não combina com paz, embora tenha sido e continue sendo necessária. Boa parte dos jovens em todo o mundo, no início dos anos 70, se manifestou contra a invasão do Vietnã. Em grandes concentrações nas maiores metrópoles da América e Europa, eles clamavam pelo fim da guerra. Por diversas vezes, a juventude americana protestou em frente à Casa Branca contra esta guerra.

Em dois diferentes momentos, o cinema mostrou a luta dos jovens pela paz: o filme *Hair,* um dos melhores documentos visuais sobre a contracultura que conheço, de 1979, do diretor Milos Forman e *Forest Gump*, de 1994, dirigido por Robert Zemeckis. A incessante busca da liberdade e as manifestações contra a repressão sexual são ainda dois temas que aparecem nessas obras. Mesmo assim e com todas as formas de protesto da juventude, desde os anos 50 até a década de 70, não podemos falar de uma "práxis política"[37] desses jovens naquela época. Até porque, a práxis é o resultado prático da reflexão teórica, da análise e da crítica social e política. A grande maioria da juventude não era alienada, mas também não pensava em política nem se interessava por ideologias. Apenas uma parte dos jovens universitários já se preocupava com este tema.

Aliás, essa grande maioria a que me refiro, poderia até ser "alienada" aos olhos dos seus colegas e daqueles grupos mais politizados, mas não o eram efetivamente. O que havia, isto sim, e para usar os termos em voga na época, era muito dogmatismo, muito sectarismo e maniqueísmo. Tudo o que dizia respeito à

---

37. O filósofo alemão Herbert Marcuse foi o grande mentor intelectual da juventude durante os anos 60 e 70. Os diversos conceitos de liberdade e de luta contra a repressão sexual aparecem em seu livro *Eros e civilização*, Rio de Janeiro: Zahar, 1971.

política girava em torno de um raciocínio absoluto. Era um período em que a pessoa, ou era "politicamente engajada", ou "alienada". Não havia nem se aceitava mediação. No primeiro caso, tratava-se de alguém ou de um grupo de esquerda e, portanto, defendia para a sociedade o que se chamava "ditadura do proletariado". No segundo caso, além de alienada era reacionária e, como tal, compactuava com o imperialismo americano. Louve-se a extrema boa intenção dos jovens politizados naquela época mas, convenhamos, havia exageros.

Pois bem, de concreto mesmo, o que tínhamos no Brasil dos anos 50 e 60 era uma juventude que, se não era despolitizada (o termo em si mesmo já é difícil de conceituá-lo), com certeza não se interessava pelas sutilezas e articulações do jogo político-ideológico desse período. O fato é que, por justiça, não se pode responsabilizar a grande maioria dos jovens por ser "despolitizada", de acordo com os valores e a concepção do termo na época. É preciso entender, aqui, a politização como algo de maior participação sociopolítica na sociedade. A explicação é muito simples e podemos aprender com a própria história do nosso país. Nunca tivemos, de fato, um país democrático, de estabilidade democrática, com um sistema político comprometido com a igualdade, com a distribuição eqüitativa de poder entre os cidadãos. Muito raramente no Brasil, o governo tomou decisões a respeito de políticas públicas de forma mais abrangente, permanente e respeitando os princípios da igualdade e da legalidade. As poucas vezes em que isto aconteceu deu-se de forma circunstancial e não como princípio democrático.

Em um país com verdadeiras vocações democráticas, o governo tem o compromisso de acatar a vontade da maioria da sociedade, bem como de respeitar os direitos e a livre expressão das minorias. Em síntese, se for possível mesmo praticá-la, a democracia é o sistema político inteiramente comprometido com a justiça social, com a distribuição da produção da riqueza da forma mais igualitária e com programas políticos que contemplem o bem-estar da sociedade, sua prosperidade e a estabilidade do

Estado. Aliás, é só em regime realmente democrático que ocorre de forma sistemática e espontânea a participação política da sociedade. Somente assim, também, se dá a politização do cidadão, vivenciando a política e dela participando diretamente, com o seu voto e suas opiniões, dos problemas que envolvem o Estado. No Brasil isto ainda não aconteceu. Já tivemos alguns arremedos e até bem intencionados. Em outros momentos, porém, o que vimos foram pura maledicência e oportunismo rasteiro de políticos mal intencionados. Não tenho a intenção em me alongar sobre este assunto, porque uma das coisas mais fáceis em nosso país é apontar as bandalheiras dos políticos, especialmente em nossos dias.

Assim, como podemos perceber, se ainda não tivemos a chance de construir e vivenciar um país realmente democrático, como poderíamos esperar que os jovens daquela época, isto é, dos anos 50 e 60, fossem politizados? A história do nosso país é, desde a chamada "República Velha", até os dias de hoje, seccionada por períodos autoritários ou governos inexpressivos. Incompetentes mesmo.[38] Ora, isso é tudo o que não pode ocorrer num país em busca de sua construção, da sua emancipação, da sua consolidação democrática.

Nesses termos, pelos argumentos aqui apresentados é que devemos ponderar. Esperar que os jovens brasileiros estivessem com sua "antena ideológica" pronta e preparada para rechaçar o *rock'n'roll*, não é justo nem correto a meu ver. É, sobretudo, exigência exacerbada, bobagem e xenofobia. É esperar também muito de uma juventude, que recebeu e continua recebendo tão pouco, ou quase nada, em seu sentido mais amplo, especialmente do Estado que continua sendo omisso. Portanto, é preciso prudência e ponderação quando se falar de questões ideológicas. O jovem brasileiro não tem uma cultura política, muito menos uma práxis

---

38. Para conhecer bem a trajetória da história política do Brasil, convém consultar o livro do professor Boris Fausto, *História do Brasil*, Edusp, São Paulo, 2004. Seu trabalho inicia-se com as grandes navegações portuguesas e chega ao governo José Sarney.

político-ideológica. Mas tudo isso tem a ver justamente com a ausência da estabilidade democrática. Essa juventude nunca teve certeza do seu destino e do seu norte. Sempre transitou, ainda que contra sua vontade, pelos caminhos obscuros do autoritarismo e da despolitização da sociedade. Essa é que é, lamentavelmente, a verdade histórica do nosso país.

Como podemos, então, ter a expectativa de que nossa juventude tenha uma cultura política, suficientemente aprimorada para interpretar, optar e abraçar ideologias que possam reger o sistema político do nosso país? Não é possível. Ela não teve a oportunidade de se politizar, justamente porque poucas vezes lhe foi dado o direito de participar politicamente das questões que envolvem o estado de direito. Dizer, por exemplo, que o *rock'n'roll* quando chegou ao Brasil, em 1956, era um produto da cultura de massa, da cultura dominante e imperialista é verdade. Do mesmo modo é igualmente verdade que, nem por isso, o *ethos* da cultura brasileira sofreu qualquer tipo de transformação. Dizer que subverteu a cultura da nossa juventude não vale, não é verdade. Essa mudança ocorreria com ou sem o *rock'n'roll*. É preciso entender que o conjunto de costumes e hábitos fundamentais, no tocante ao comportamento e à cultura do jovem brasileiro, tem relação direta com o processo de urbanização da nossa sociedade. Este, sim, foi o grande instrumento de transformação.

A industrialização, sim, teve interferência direta no *ethos* da cultura popular em nosso país. E, mais do que isso, a real influência da cultura de massa americana é decorrente, em grande parte, dos acordos bilaterais do comércio, da indústria do vestuário e alimentícia, de produtos culturais como o cinema e outros segmentos da indústria do entretenimento. Mas, naquela época, o fato de o *rock'n'roll* ser um produto da cultura de massa (o termo não era esse, mas não muda nada) e originar-se de um país hegemônico, de política externa agressiva e expansionista, é que motivou fortes conotações ideológicas. Como já disse aqui e em outros escritos, esta era uma época de grande luta político-ideológica, cujo melhor exemplo ficou conhecido como a "guerra fria". Tudo passava pelo crivo da análise ideológica e do maniqueísmo. As opções possíveis eram ser de esquerda ou de direita. A essa altura, também a arte passava por leituras político-ideológicas. O *rock'n'roll*, que nem receberia o *status* de arte e sim de "produto burguês" oriundo do capitalismo, seria rechaçado por todos os segmentos da esquerda brasileira. Ela tinha motivos para isso e não se discute.

Passados exatamente 50 anos, o Brasil vive situação semelhante, mas agora como exportador de telenovelas, isto é, produtor de mercadorias da cultura de massa. Em outras palavras, também exportador de "produto burguês" oriundo do capitalismo, mas agora do chamado terceiro mundo. Somos muito fortes nesse segmento da cultura de massa, que alguns profissionais e estudiosos preferem chamar de teledramaturgia. Alterar a nomenclatura não muda nada absolutamente. O efeito continua sendo o mesmo, isto é, um produto a mais da cultura de massa para a indústria do entretenimento. Sabemos, por exemplo, do sucesso de *A Escrava Isaura* na China e a popularidade de *O Direito de Nascer*, nos países por onde passou, especialmente em Portugal, onde nossas telenovelas realmente acontecem como produto cultural brasileiro.

Alguns termos usados somente no idioma português do Brasil, agora chegam àquele país, através dessas obras. E o que é mais significativo, são palavras e significados, aos poucos absorvidos pelo cotidiano de parte da sociedade portuguesa. Não há nada de grave nisso, muito menos de reprovável. Ao contrário, a língua portuguesa só se torna ainda mais rica em recursos de vocabulário. A norma culta do vernáculo, certamente ainda levará algum tempo para absorver este léxico que, por enquanto, tem apelo muito mais coloquial. Este não foi o caso do *rock'n'roll*, porque não havia identidade de idiomas. A forte presença de termos em inglês no vocabulário do nosso cotidiano não é um caso específico do Brasil, é um fenômeno internacional. Como se sabe, por condições históricas e diversos outros motivos que não cabem ser discutidos agora, a língua inglesa tornou-se assim uma espécie de "língua internacional".

Seja como for, uma coisa é certa. A presença de alguns produtos culturais estrangeiros não afeta, necessariamente, o *ethos* cultural de um povo. Tratando-se de produção da indústria cultural, com algumas poucas exceções (é o caso do *rock'n'roll*), a grande maioria é efêmera, desaparece com o tempo, ou é absorvida, reciclada e reinterpretada por aquela população que a recebeu. Esse é o caso do *rock'n'roll* no Brasil.

Como em tantos outros países do mundo, entre nós também, esse estilo musical passou por transformações estéticas em seus componentes formais. Especialmente no tocante à sua tessitura[39] musical. Tecnicamente, isso significa expressiva mudança na tonalidade musical. As primeiras canções de *rock'n'roll* feitas por compositores brasileiros tinham, no geral, incidência maior de notas um pouco mais graves. Portanto, tessitura musical mais baixa. São os casos, apenas para ilustrar, de "Rock'n'roll em Copacabana", de Miguel Gustavo e de "Rua Augusta", do maestro Hervé Cordovil.

Esse critério tornou-se um pouco mais freqüente mas, é claro, sempre com algumas exceções. Isto começava a estabelecer uma sutil diferença do *rock'n'roll* americano de Elvis Presley, Little Richard, Bill Haley e outros criadores desse ritmo, para o que se fazia no Brasil. Nada porém muito significativo que já pudesse, mesmo levemente, caracterizar o início do que mais tarde seria conhecido por "rock brasileiro".

Não podemos esquecer, nessa época, a presença marcante dos compositores Paul Anka e Neil Sedaka. Seus trabalhos são muito semelhantes e não faziam *rock'n'roll* ao estilo de Bill Haley e outros. Tanto é assim, que Paul Anka, autor de diversas canções de grande sucesso como, *Diana*, *Crazy Love*, *Puppy Love*, *You Are My Destiny*, entre tantas outras, foi eleito pelos ouvintes do programa "Telefone Pedindo Bis", da Rádio Bandeirantes, o "Rei do Rock Balada". Como Neil Sedaka, suas canções tinham uma melodia mais romântica e o grau de velocidade do andamento musical era bem mais lento que o *rock'n'roll* vigente.

---

39. Tecnicamente a tessitura se caracteriza pela altura média das notas musicais em uma composição. Quando predominarem as notas agudas, podemos dizer que a tessitura é alta. Se a incidência for maior de notas graves, então teremos baixa tessitura musical.

A Cultura da Juventude

É dessa diferença que nasce a expressão "*rock* balada". A juventude brasileira, na verdade, se identificou com ambos os estilos musicais. Tanto é assim, que seus grandes ídolos até o surgimento do programa "Jovem Guarda", comandado por Roberto Carlos, na TV Record, eram Elvis Presley, Paul Anka, Little Richard e Neil Sedaka. Entre os brasileiros, claro, Celly Campello, Sérgio Murilo, Demétrius, George Freedman e Carlos Gonzaga eram os mais solicitados. Na coexistência desses dois ritmos, há alguns aspectos bastante significativos a destacar, que dizem respeito à conduta musical dos jovens, à figura do ídolo e às expectativas de mudança de comportamento.

E aqui temos que retornar um pouco ao perfil da sociedade brasileira, na passagem dos anos 50 para a década de 60. Apesar de todo o projeto desenvolvimentista do governo Juscelino Kubitschek, a juventude brasileira, como de resto, a imensa maioria da nossa população, era conservadora e não há nada de grave nisso. As tradições culturais, hábitos, costumes e a própria política nacional dirigiam a sociedade para esse conservadorismo. Em nossa visão de mundo nessa época, o conceito de cidadania praticamente não existia. Nas relações familiares, a autoridade e as ordens do pai eram soberanas. Não deveriam ser questionadas, mas apenas obedecidas. Quanto ao governo do presidente Jânio Quadros, de apenas sete meses, não há o que comentar, porque quase nada aconteceu, senão algumas proibições desimportantes como de briga de galos, corridas de cavalos, entre outras. Assim, se de um lado, aquela parcela da juventude que gostava das canções de Elvis Presley, Bill Haley e outros representava a rebeldia, desejava e reivindicava mais liberdade, mais autonomia em relação à vigilância da família, de outra parte, os simpatizantes do *rock* balada de Paul Anka e Neil Sedaka, também não desejavam menos do que isso. A conduta social e os objetivos de ambos os grupos eram os mesmos. Eles não desejavam uma ruptura de base com o *status quo*, como fizeram alguns jovens da geração da contracultura, ainda nos anos 60. Reivindicavam, isto sim, mais liberdade e menos autoritarismo da família sobre eles.

A figura do ídolo foi importante na escolha entre o *rock'n'roll* e o *rock* balada. Muito poucos jovens naquela época entendiam o idioma inglês e isso foi um óbice maior para o *rock'n'roll* de Elvis, do que para o *rock* balada de Paul Anka. Isto porque as primeiras versões que projetaram ídolos nacionais como os irmãos Campello, Sérgio Murilo e Demétrius, entre outros, eram de *rock* baladas. Esse trabalho foi bastante significativo. Ele beneficiaria diretamente este ritmo mais romântico. Ao ouvir a melodia, o jovem tinha a versão em português que lhe dava a noção do texto poético em inglês. Assim, quando pensamos na formação do *rock'n'roll* em nosso país, devemos considerar a importância desse "*rock* híbrido" como elemento estético. Quando menos, introduziu compassos musicais, permitindo outras variações melódicas, ao lado do persistente ritmo quaternário que tão bem distingue o *rock'n'roll*, especialmente nos anos 50 e 60.

Nessas condições, portanto, quando revisitamos essas décadas e reanalisamos o papel sociocultural e até mesmo político do *rock'n'roll*, precisamos ser sensatos. Não deveríamos, a meu ver, ter apenas olhares ideológicos para o comportamento da juventude, especialmente nesse momento, com a presença da "guerra fria". Analisar criticamente sim, é necessário, mas a interpretação político-ideológica que invariavelmente surge nesses casos, não serve para a juventude amante do *rock'n'roll*. Acontece que sempre, ou quase sempre, se faz uma análise racional, uma interpretação ideológica desse ritmo, como produto da cultura de massa de um país hegemônico. Claro, não há o que contestar. Mas, é preciso entender também, que a relação dos jovens do Brasil, ou de qualquer outro lugar do mundo, com todo esse universo do *rock'n'roll,* é sempre emocional e nunca ou quase nunca racional. Questões ideológicas, de dominação, de política internacional, de hegemonia econômica e política, de expansionismo, tudo isso se insere no plano da racionalidade, da sociologia, da ciência política e do saber acadêmico que são, sem dúvida, igualmente importantes.

A Cultura da Juventude

Nos anos 50 e 60, os dois roqueiros prediletos da juventude brasileira.

Isso não significa, porém, que essas análises esclareçam e dêem conta, de forma satisfatória, das relações juventude/*rock'n'roll*. Aqui, uma indagação se faz necessária: e por que os jovens teriam tão precocemente, já em sua pubescência, de ver a vida e interpretar o mundo racionalmente? As questões políticas, socioeconômicas, o significado ideológico da canção de massa, enfim, a própria concepção de cultura de massa, são saberes de outro universo, que não de um jovem ainda púbere ou até mesmo adolescente. Este é um período da sua existência em que ele ainda pode viver seus momentos e conflitos dionisíacos. Espontâneo, natural, instintivo, confuso, anárquico e naturalmente desinibido. Mas à frente, porém, em idade adulta, ele certamente se encontrará com o universo apolíneo, isto é, com o equilíbrio, a ordem, a harmonia e a natural razão da experiência.

E, aqui, convém citar a interessante analogia que Friedrich Nietzsche faz entre a poesia e a música, ao analisar a visão dionisíaca do mundo e a tragédia grega. Diz ele: "a música é empregada completamente só como meio para um fim: sua tarefa era a de converter o padecer do deus e do herói na mais forte compaixão dos auditores. Ora, a palavra tem também a mesma tarefa, mas para ela é muito mais difícil e apenas indiretamente possível resolvê-la. A palavra age primeiramente sobre o mundo dos conceitos e somente a partir daí sobre o sentimento; e de maneira bastante freqüente ela não alcança absolutamente, pela distância do caminho, o seu alvo. A música, por outro lado, toca o coração imediatamente, como verdadeira linguagem universal, inteligível por toda parte."[40]

Assim, por analogia, é natural que o jovem viva mesmo a sua dionisíaca "idade da música" que "toca o coração", como diz Nietzsche. Até porque, mais tarde, a racionalidade da "palavra que age sobre o mundo dos conceitos" estará presente em boa parte da sua existência. Nesse estágio, ele já estaria comprometido com as obrigações de sobrevivência, da produção da riqueza, do trabalho, de compromissos com o Estado (serviço militar, pagamento de impostos federais, estaduais e municipais), voto obrigatório, entre outros), com a sociedade e, muito provavelmente, com a família que formará. A essa altura, seus períodos púbere e adolescente reduziram-se a memórias, a experiências que, se bem vividas, prazerosas de relembrar. Mas apenas isso. Nesse momento, é quase inevitável certo desencantamento com a idade adulta das responsabilidades. Nostalgicamente, agora este senhor lançará olhos para sua adolescência, mas compreenderá que já é algo irreversível. A esta trajetória, o Estado e as sociedades complexas da máxima *time is money* esperam que o cidadão a percorra e se adapte. Aliás, não só esperam, como é para ela que eles o dirigem. A idade adulta, em outras palavras, insere o cidadão na lógica e no

---

40. Nietzsche, Friedrich. *A visão dionisíaca do mundo*. São Paulo: Martins Fontes, 2005, p. 65 e 66.

A Cultura da Juventude

estilo de vida do Capitalismo. A competitividade, a concorrência diuturna e selvagem, o jogo da falsa sedução à procura do dinheiro, as maracutaias, fraudes e falcatruas das quais terá de se defender, tudo isso substituirá o seu período de *dolce vita* da adolescência, quando toda a responsabilidade não era sua e sim de seus pais.

Dito isto, impõe-se ainda outras observações acerca das relações juventude/*rock'n'roll*. Por tudo o que se possa falar em questões político-ideológicas sobre esse estilo musical, ainda assim serão argumentos débeis e sem importância para os jovens. Ser ou não um produto da cultura de massa, ter se originado ou não em um país imperialista, nada disso modifica a relação emocional que eles tiveram e ainda têm com este ritmo. Tudo isso não faz com que os jovens do chamado "terceiro mundo", ou de qualquer outro lugar, deixem de gostar dele.[41] A canção de Cazuza e Frejat intitulada "Ideologia" é, de certo modo, porta-voz do que pensa boa parte dos jovens sobre a ideologização da canção, da produção do consumo, enfim, de tudo o que diz respeito à cultura, ao Estado e à sociedade.

No Brasil, a incessante "leitura ideológica" que se fez da cultura de massa e dos fatos sociopolíticos foi mais presente na época dos governos militares, isto é, de 1964 a 1985. Foi também um período de intensa luta pela redemocratização do país. Por isso mesmo, era indispensável o combate político-ideológico em defesa das liberdades individuais, do direito à palavra, contra o autoritarismo e a favor da democracia. Falar para a juventude de hoje o que foi este negro e sinistro período da história política do nosso país é bom mas ainda é muito pouco. Em minhas aulas na Universidade de São Paulo me esforço, ao máximo e sempre, para lhes dar a dimensão exata daquela barbárie e, mesmo assim, sinto que continua faltando algo. Ainda bem, porque este "algo" refere-se à tortura e a outras formas de usurpação dos direitos humanos.

---

41. O livro de Rolf-Ulrich Kaiser, já mencionado neste trabalho, mostra o impacto que teve o *rock'n'roll* entre a juventude européia. Em que pese todas as críticas recebidas quando surgiu na Europa, este ritmo sobreviveu a todas elas para transformar-se no estilo musical mais popular entre os jovens europeus.

Uma coisa é discorrer sobre as arbitrariedades do Ato Institucional número 5 (AI-5), os atos de crueldade e truculência do CCC – Comando de Caça aos Comunistas, as implacáveis perseguições aos estudantes, as cassações em série, o fechamento do Congresso Nacional e outras ações inomináveis do Estado autoritário. Outra coisa, porém, é falar sobre os casos de torturas, milhares de prisões em série, emboscadas para matar (que se pense nos casos de Carlos Marighella e de Carlos Lamarca), do horror nos porões do DOPS – Departamento de Ordem Política e Social, da insensatez da luta armada e da guerrilha urbana.

Boa parte da nossa juventude, dos anos 80 para cá, não consegue admitir esses fatos como verdadeiros, como algo que realmente aconteceu. Tudo isso está muito distante do universo democrático em que vivemos hoje, apesar das imperfeições em uma democracia à procura da sua consolidação. Para a felicidade do país e destes jovens, após a cruenta luta política, a democracia seria restabelecida a partir de 1985. Portanto, as gerações de meados dos anos 70 para cá tiveram a felicidade de não conviverem com a ditadura militar e as torturas.[42] Melhor assim, Aliás, muito melhor.

Nesse contexto, em uma época marcada pelo autoritarismo, era natural que os acontecimentos na economia, na política, na cultura e em outros segmentos passassem mesmo pelo crivo da análise ideológica. Afinal, o Estado usava todos os seus aparelhos para manipular e distorcer os fatos, as informações e outros acontecimentos em seu benefício. Ele mantinha-se absoluto e a sua "verdade" era, por extensão, a "verdade" que chegava à sociedade, sem nenhum direito ou oportunidade para questioná-la, quanto mais contestá-la.

---

42. Há uma vasta literatura sobre os governos militares e a tortura no Brasil de 1964 a 1985. Convém destacar a obra de Elio Gaspari em quatro volumes: *A Ditadura escancarada* (2002), *A Ditadura envergonhada* (2002), *A Ditadura derrotada* (2003) e a *Ditadura Encurralada* (2004), publicados pela Companhia das Letras, São Paulo; o livro organizado por Janaina Teles, intitulado *Mortos e desaparecidos políticos: reparação ou impunidade?* São Paulo, Humanitas FFLCH/USP, 2001 e o fascículo "Ditadura no Brasil", série dossiê Brasil, São Paulo: Abril, 2005.

A Cultura da Juventude

Muito diferente, por exemplo, dos tempos democráticos do governo Juscelino Kubitschek quando surgem, simultaneamente, a Bossa Nova e o *rock'n'roll*. Inegavelmente um período rico em mudanças e transformações como vimos anteriormente. Enquanto o país vivia, de fato, importante revolução musical com esses ritmos, a dinâmica social retratava, ainda, interessantes hábitos e costumes que nos trazem um perfil bastante significativo da memória desse período. Mesmo assim, não vivíamos a maravilha dos "anos dourados" como a grande *media* dos anos recentes resolveu rotular, criando a falsa imagem à população de que o Brasil era belo nos anos 50 e 60 e que a vida era mais fácil e melhor de se viver. Não é verdade, é bobagem. É falsear a realidade histórica do nosso país. Já havia, porque sempre houve a miséria, a pobreza, roubos, assaltos, estupros e assassinatos, na proporção da população na época. Talvez alguns segmentos da classe média e, com certeza, a alta burguesia vivessem mesmo esses "anos dourados", mas se for se pensar assim, eles nunca deixaram de viver esses momentos.

Alguns objetos, aparelhos e utensílios podem evidenciar melhor o que quero dizer. É o caso da eletrola, também conhecida por vitrola. Era um móvel grande e inicialmente composto de rádio, toca-discos, alto-falantes e amplificadores, combinados em uma só peça. Com o surgimento da televisão, em 1950, algumas indústrias, como a Telefunken, Mullard, General Eletric e RCA Victor, passariam a fabricar eletrolas com aparelhos de TV também acoplados. Assim, ter este conjunto audiovisual em casa, quando do seu lançamento e até alguns anos depois, era privilégio de um pequeno segmento da sociedade. Com certa dificuldade, alguns estratos da classe média poderiam comprá-lo.

A eletrola, portanto, além das suas funções técnicas (ouvir rádio, tocar discos de 78, 45 e 33 rotações por minuto e apresentar a imagem da televisão), tinha ainda o papel de atribuição de *status* social e de ostentação econômica. Não por acaso, é claro, este suntuoso móvel impecavelmente bem envernizado com alto brilho, sempre ocupava o espaço mais nobre da sala de visitas. Nessa época, a alta burguesia endinheirada e alguns setores da classe média podiam ter piano, que era e continua sendo o símbolo ideal de prestígio social e de bom gosto. Em outros termos, a eletrola representava o testemunho material de uma categoria sociocultural muito acima da média. Mas isso não apenas como objeto de distinção socioeconômica, mas também no tocante à apreciação estética. Era considerado *chic* e de muito bom gosto ter um aparelho de multiuso naquelas dimensões.

Com três importantes funções (rádio, toca-discos e televisão), a eletrola estava longe de ser um *gadget*. Aliás, ao contrário. Em face das suas multifunções, estava sempre ligada. Era hábito, nos anos 50 e 60, as pessoas ouvirem rádio o dia inteiro. À noite, desde quando apareceu, até nossos dias, a televisão tornou-se a líder da preferência familiar. Em outras palavras, ao longo do tempo, ela vem ocupando o espaço que antes pertencia ao rádio como veículo de comunicação. Mas, ainda assim, com toda a concorrência do rádio e da TV, havia espaço para o toca-discos rodar a Bossa Nova de João Gilberto, o *rock'n'roll* de Elvis Presley, o rock-balada de Paul Anka, ou o samba-canção grandiloquente de Nelson Gonçalves, Anísio Silva, Orlando Silva, entre outros. Apenas para complementar, é preciso destacar a função de sociabilidade que exercia a eletrola. Por ter sido um móvel caro, e nem sempre ao alcance de todos, era comum famílias vizinhas se reunirem na casa do proprietário deste aparelho para ouvir o rádio, discos na vitrola e mais tarde, assistir à televisão.

Outros aspectos, hábitos, objetos e utensílios que marcaram a cultura dos anos 50/60 merecem destaque. Ao contrário dos nossos dias, fumar em lugares públicos abertos ou fechados era politicamente correto. Normalmente interpretava-se como algo charmoso, com certo deslumbre e até como um toque de sedução. As conhecidas e simpáticas chanchadas do nosso cinema nessa época registram esse momento. Durante o flerte (o termo usado hoje é paquera), relação amorosa inicial leve e inconseqüente, nas reuniões sociais, no trabalho, nos transportes coletivos, nos

A Cultura da Juventude

restaurantes, enfim, nas mais diversas atividades do cotidiano, o cigarro estava presente para dar o toque de elegância e refinamento. Tanto é assim que, na grande maioria dos filmes dessa época, o galã sempre aparece fumando e, evidentemente, fazendo a pose de moço elegante, garboso, de fino trato e estampa. Algumas obras como *Vou te Contar* (1958), *Depois do Carnaval* (1959), *Entrei de Gaiato* (1960), *Mulheres, Cheguei* (1961), *As Sete Evas* (1962) e *Um Morto ao Telefone* (1964),[43] nos mostram cenas onde fumar era politicamente correto. Não havia nada de errado nisso. Era uma época em que o cigarro tinha prestígio até mesmo como forma de sociabilidade. O não fumante, em alguns casos, se sentia deslocado em seu próprio grupo.

Quero falar, agora, de um pequeno alucinógeno pouco conhecido das novas gerações. Durante os quatro dias de carnaval, o lança-perfume, que tão bem caracteriza esse período, seu uso não só era permitido, como tinha presença garantida nos salões dos clubes da elite, nos blocos de rua e nas Escolas de Samba. Cheirá-lo (quase sempre em um lenço porque, ao lado do pente no bolso, eram parte integrante do vestuário masculino e feminino) não era proibido. Fazia-se publicamente e minimizava, pelo menos por algumas horas, as forças inibidoras do superego.

De outra parte, o uso do rádio portátil não representava apenas um avanço, uma novidade tecnológica e eletrônica, isto é, a substituição da válvula pelo transistor. Era da mesma forma que a eletrola, um símbolo de prestígio social e de atribuição de *status*. Seu preço inicial era muito caro e poucas pessoas podiam comprá-lo. As marcas *Spica* e *Telespark* eram as mais procuradas. As pessoas o colocavam a tiracolo para fazer seus passeios e apresentá-lo publicamente.

---

43. O livro do jornalista Sérgio Augusto intitulado, *Este mundo é um pandeiro*, Companhia das Letras, São Paulo, 1989, é um dos melhores trabalhos sobre a chanchada dos tempos de Getúlio Vargas e Juscelino Kubitschek.

No entanto, foi uma novidade eletrônica com trajetória muito semelhante à do telefone celular. Rapidamente, tornou-se acessível a outros estratos sociais, deixando de ser novidade e, a partir de certo momento, perdeu seu *status* de produto *chic*, para transformar-se em objeto ostensivamente de mau gosto. Já no final da década de 60, ele passaria a ser um objeto de exclusivo uso doméstico. Quase ninguém mais o exibia. Caiu em desuso e hoje praticamente não se fala mais nele, embora continue sendo fabricado. Não tivesse o celular a função utilitária de comunicação instantânea de onde estivermos, certamente teria o mesmo destino do rádio portátil: apenas um *gadget* a mais.

Mas esse período também era um tempo em que, na intimidade, as mulheres usavam o *négligé*[44] e os homens a popular cueca "samba-canção", que dava plena liberdade de movimentos. Ela atravessou o tempo e continua sendo a preferida de uma parcela dos homens até hoje. O vestido "tubinho" estimulava a imaginação masculina. De corte reto e solto sobre o corpo das mulheres, ele acompanhava os movimentos e o "balanço" do andar, sem aparente e despretensiosa intenção de insinuar qualquer coisa, mas na verdade insinuava tudo. A minissaia, por sua vez, era a grande novidade com a qual as moças contavam para se tornarem mais graciosas e sensuais. É interessante notar que, embora a sociedade fosse bastante conservadora, a moda não explorava apenas a sensualidade, mas também a sexualidade feminina. O fato é que a sexualidade sempre povoou de forma muito sutil a moda feminina. Só de uns tempos para cá (talvez 20 anos) é que essa sutileza tem perdido espaço para formas mais explícitas de sedução. De outra parte, não podemos esquecer que as novidades do vestuário vinham mesmo do exterior, exatamente como ainda ocorre em nossos dias. A calça *saint-tropez* surgiria logo depois, em meados dos anos 60.

---

44. O *négligé* é um robe sempre feito de tecido fino e transparente, adornado com rendas ou folhas.

A Cultura da Juventude

Na música popular brasileira surgiria o jovem e talentoso Jorge Ben, cantando ao estilo bossa-nova, a canção "Mas que Nada". O *rock'n'roll* brasileiro continuava muito bem e Roberto Carlos, em início de carreira, fazia sucesso com a música *Splish Splash*, de autoria de Bob Darin e J. Murray, em versão de Erasmo Carlos. Mas é o compositor da velha guarda Adelino Moreira quem capta muito bem todo um conjunto de valores morais, sociais e culturais, bem ao estilo da ambiência dos anos 60. Na canção "Meu Triste Long-Play", justamente em ritmo de samba-canção, ele nos mostra toda a atmosfera romântica e sensual bem peculiar dessa época. Como sua música trata da sensualidade e do amor, aqui a faixa etária não separa os jovens dos mais idosos. O tema é universal e transcende qualquer idéia de tempo e idade. E mais do que isso, a presença e a função dos objetos e utensílios no cotidiano das pessoas e, evidentemente, nas relações amorosas, nos faz entender um pouco mais do clima dos anos 60. Vejamos os texto poético:

> Abra sua janela
> Deixe entrar o luar
> Acenda a luz do *abat-jour*
> Deixe a penumbra reinar
> Ponha em tudo perfume
> Divinise o ambiente
> Conserve na sua lembrança
> O seu amor ausente
> Ligue a sua eletrola
> Vista o seu *négligé*
> Deite-se e acabe o cigarro
> Que eu no cinzeiro deixei
> Quero sentir que você
> Na maciez do seu ninho
> Dormiu ouvindo bem baixinho
> O meu triste *long-playing*.[45]

---

45. A letra desta canção foi retirada do CD00168/7, do cantor Pery Ribeiro, intitulado "Fica comigo esta noite", Sonopress-Rimo Ltda., 1994.

No plano político, vivíamos o período parlamentarista. O presidente João Goulart quase não assume o cargo. Havia um grupo de militares que não desejava vê-lo no poder, por considerá-lo muito à esquerda. Para tomar posse, Goulart teve que aceitar algumas restrições, entre elas, a instauração do sistema parlamentarista. Essa era uma forma de restringir os poderes do presidente da República, como efetivamente ocorreu. O político mineiro Tancredo Neves foi escolhido para chefiar o primeiro gabinete parlamentarista do Brasil. Na defensiva, após o quadro político precário com a renúncia de Jânio Quadros, o presidente João Goulart assumiria posição moderada e dirigia seus atos para os princípios democráticos, guardando mesmo certa distância de qualquer coisa que pudesse associar sua figura ao comunismo.

Mas, entre os próprios políticos, germinava a insatisfação com relação à debilidade dos poderes presidenciais. Ao mesmo tempo, o ato que criou o parlamentarismo estabelecia a realização de um plebiscito em 1965, para que a sociedade brasileira escolhesse sobre o sistema de governo. Antevendo a possibilidade de vitória, os partidários do presidente João Goulart se empenharam politicamente para antecipar a consulta à população brasileira. Era quase consensual a idéia de que o parlamentarismo não foi implantado em nosso país, por convicção de uma necessidade. Era isto sim o resultado de pressões políticas para debilitar os poderes do presidente Jango. A maioria dos políticos acreditava que um presidente mais forte, com mais poderes, com um poder executivo mais sólido, as reformas de base poderiam ser realizadas e estabilizar o país. Esta era também a expectativa da maioria da cúpula militar. Em junho de 1962, o primeiro ministro Tancredo Neves renuncia ao cargo. Ele tinha, aliás, motivos de sobra para fazê-lo. Primeiramente, porque ele próprio não acreditava no parlamentarismo como alternativa de um sistema político para o Brasil, pelo menos naquela conjuntura.

Quando aceitou assumir o cargo, foi muito mais para contornar a crise política do que por desejo pessoal. E, justamente por isso, renunciaria para candidatar-se ao governo do Estado

A Cultura da Juventude

de Minas Gerais. Para seu lugar, Tancredo Neves indicaria o ministro do exterior, San Tiago Dantas, imediatamente rejeitado pelas forças conservadoras do país. Os argumentos para a recusa foram tão simples quanto miúdos: quando ministro das relações exteriores, Dantas defendeu que o Brasil se mantivesse neutro nas tensas relações entre os Estados Unidos da América e Cuba. Este país tinha se tornado, recentemente, a primeira nação comunista no continente americano. Pensou-se no senador Auro de Moura Andrade, na ocasião, presidente do Senado. Houve manifestação popular e greve de trabalhadores contra sua indicação.

Coube, então, ao político gaúcho Brochado da Rocha, ser a escolha conciliadora. Uma das suas primeiras medidas foi sugerir ao Congresso Nacional que antecipasse o plebiscito da escolha entre parlamentarismo e presidencialismo para janeiro de 1963. Assim é que, no dia 6 deste mês, aproximadamente 9,5 milhões de votantes decidiram pelo NÃO ao parlamentarismo. O Brasil, por decisão da grande maioria, retornava ao sistema presidencialista de governo, tendo o presidente João Goulart como chefe do poder executivo.

Se, por um lado, o plebiscito restaurou o presidencialismo e Jango saiu fortalecido, por outro, a chamada ala "linha dura" dos militares não ficaria satisfeita. Era só uma questão de tempo, como nos mostra a própria trajetória política do país e já estávamos fadados a viver mais um longo período de autoritarismo.[46] A rigor e a bem da verdade, já havia extrema má vontade dos militares para com o governo democrático liderado por João Goulart. Eles consideravam o presidente um político muito identificado com a esquerda e, como tal, não poderia governar o país.

Embora seja meu desejo não alongar-me neste tema, considero imprescindível, para melhor entender o clima político da época que estou analisando, a citação longa, mas elucidativa do professor Boris Fausto: "quando Jango realizou o último gesto perigoso, indo discursar no Rio em uma assembléia de sargentos, o

---

46. O livro de Boris Fausto já citado anteriormente e o de Renée Armand Dreyfus, 1964: *A conquista do Estado, Petrópolis*, Vozes, 1981, são leituras importantes para entender o autoritarismo militar dessa época no Brasil.

A juventude e as origens do *rock'n'roll* brasileiro

golpe já estava em marcha. Ele foi precipitado pelo general Olímpio Mourão Filho, envolvido no sombrio episódio do Plano Cohen em 1937. Com o apoio do governador Magalhães Pinto, Mourão mobilizou a 31 de março as tropas sob seu comando sediadas em Juiz de Fora, deslocando-se em direção ao Rio de Janeiro. A situação se definiu com rapidez inesperada, pois aparentemente um confronto entre tendências militares opostas parecia inevitável. No Rio de Janeiro, Lacerda armou-se no interior do Palácio da Guanabara, à espera de um ataque dos fuzileiros navais comandados pelo almirante Cândido Aragão, o que não ocorreu. A 1º de abril, Goulart voou para Brasília e evitou qualquer ação que pudesse resultar em derramamento de sangue. As tropas do II Exército sob o comando do general Amauri Kruel, que se deslocavam pelo Vale do Paraíba em direção ao Rio, confraternizaram-se com as do I Exército. Na noite de 1º de abril, quando Goulart rumara de Brasília para Porto Alegre, o presidente do senado Auro de Moura Andrade declarou vago o cargo de presidente da República. Assumiu o cargo, na linha constitucional, o presidente da Câmara dos Deputados Ranieri Mazzilli. Mas o poder já não estava nas mãos dos civis e sim dos comandantes militares."[47]

Assim, o regime militar apossa-se oficialmente do país em 15 de abril de 1964 através do AI-1 (ato institucional nº 1), elegendo por votação indireta do Congresso Nacional, o general Humberto de Alencar Castelo Branco como presidente da República. Ele foi o primeiro dos cinco generais a governar o Brasil entre 1964 e 1985. A partir desse momento, a trajetória política do país enveredava pela angustiante e ostensiva presença dos homens da caserna. A sociedade, mais uma vez, via suas expectativas frustradas. Distanciava-se a esperança de se viver em um país realmente democrático.[48] Por não ser objeto específico deste trabalho, a continuação da história dos militares no poder, você pode conhecer (se é que já não conhece) com detalhes e análises nos livros mencionados nesta última nota.

---

47. Fausto, Boris. Op. cit., p. 460 e 461.

48. Livros como *História do Brasil* de Boris Fausto já citado, *Brasil: de Getúlio a Castelo, Brasil: de Castelo a Tancredo*, ambos do historiador americano Thomas Skidmore, Rio de Janeiro, Rocco, 1987 e 1994, respectivamente, são importantes para entender o governo dos militares nesse período.

O altomóvel nos anos 50 e 60 era a maior ostentação de *status* da juventude.

VI

A presença da contracultura

Quando aprofundamos as discussões e análises sobre a cultura da juventude brasileira na passagem dos anos 50 para os 60, necessariamente, devemos pensar no significado do movimento da contracultura. De início, é preciso esclarecer que a expressão "contracultura" surge no início da década de 60, criada pela imprensa americana. Era a tentativa de conceituar uma série de acontecimentos e manifestações culturais especialmente de jovens americanos e europeus. Na América Latina, ainda que com fatos isolados e timidamente, alguma coisa já ocorria também nesse sentido. A novidade em tudo isso ficava por conta de uma expressiva parcela da juventude que, a partir de certo momento rechaçaria toda a concepção de Estado e sociedade vigentes. Sim, é exatamente isso. Essa juventude decidira que as instituições do *establischment* estavam obsoletas. A cultura oficial, a forma de organização social, o excessivo controle do Estado sobre o indivíduo, a racionalidade científica, o modelo de Universidade, o excesso de burocracia, entre tantas outras instituições, deveriam ser refutadas. Surgiria, assim, uma nova cultura, ou melhor, a contracultura. Isto significava, em outras palavras, novas formas de procedimento social, cultural, político e até econômico. Tratava-se de uma cultura inteiramente à margem do que preconiza o comportamento convencional e sem nenhuma identidade com os paradigmas e cânones oficiais. E, mais do que isso, uma cultura que além de refutar a racionalidade científica, em alguns momentos se valia das explicações místicas.

A presença da contracultura

Ao mesmo tempo, se analisarmos com cautela, encontraremos pelo menos três vertentes do conceito de contracultura. A primeira, um acontecimento histórico isolado, produto muito mais da rebeldia juvenil emergente daquela concepção libertária, preconizada pelo *rock'n'roll* no fim dos anos 50. Nesse caso, certamente com alguma influência do comportamento *beat,* que valorizava sobretudo a liberdade, o direito à anarquia e uma certa despolitização do individuo. Os *beatniks* se caracterizavam, entre outras coisas, por seu fascínio à cultura marginal. Aliás, a própria cultura *beat* reivindicava a marginalidade. O poeta Allen Ginsberg, que integrava o grupo dos rebeldes marginalizados, é um dos nomes mais importantes dessa cultura, nascida nos bairros boêmios da cidade de São Francisco. Seu poema mais conhecido intitulado *Howl* (Uivo), é a própria tradução e significado da chamada *beat generation.* Dedicado ao seu amigo Carl Salomon, os versos de Ginsberg trazem à tona os momentos de comovente tormento e tristeza por que passavam alguns *beatniks.* Para homenagear Salomon, internado como louco, Ginsberg acrescenta em *Howl* a seguinte frase: "vi as melhores cabeças da minha geração destruídas pela loucura." Estávamos em 1956. O mundo do *rock'n'roll* já conhecia a figura carismática de Elvis Presley e todo um estilo de vida de jovens insatisfeitos com as normas sociais muito rígidas e conservadoras daquela época. Era a emergência da geração chamada "juventude transviada", ou dos "rebeldes sem causa" Na verdade, são rótulos e nada mais. Esta segunda expressão, aliás, improcedente. Como já mencionei anteriormente e é por isso que discordo deste termo, aqueles jovens se rebelariam contra os velhos valores opressores do *establishment* pré-Segunda Guerra Mundial. Portanto, eles eram sim, "rebeldes com causa". E certamente a mais nobre das causas que defendiam era mesmo a liberdade.

A segunda vertente a que me refiro sobre o conceito de contracultura envolve até mesmo a idéia de recusa, de oposição e de crítica à cultura oficial. Em outros termos, significa uma atitude contra a cultura estabelecida pelo Estado. Os valores

A Cultura da Juventude

sociais, morais, sexuais, as relações pessoais, profissionais, sempre muito protocolares e superficiais, tudo isso deveria ser criticado e recusado pelos adeptos da contracultura. Para eles, o próprio conceito de cultura que nos foi ensinado, até então, deveria ser repensado e reformulado. Seguindo esse raciocínio, portanto, era preciso repensar não só os conceitos vigentes, mas a própria sociedade. Que a chamada *beat generation* deu sua contribuição para as origens da contracultura, não há dúvida. Contudo, há uma questão bem mais fecunda, além do evidente conflito de gerações, a ser considerada. Refiro-me ao avanço do poder tecnocrático[49] nos países desenvolvidos, após a Segunda Guerra Mundial. E aqui, é preciso entender o termo tecnocracia, em seu sentido mais amplo, ou seja: um sistema de organização política e social fundado no ideário e na supremacia de técnicas.

Esse era o modelo da sociedade industrial naquele período. Planejamento bem sucedido, racionalização, atualização e modernização eram conceitos que pressupunham o padrão ideal de sociedade. A objetividade mercantil e o pragmatismo dos tecnocratas têm agora a tarefa de multiplicar a riqueza, cuidar da segurança social e, sobretudo, de manter o estado industrial sobre a esteira do progresso e da modernidade. Tudo deve caminhar de forma sincronizada e precisa. O resultado deste rígido comportamento é analisado por Theodore Roszak da seguinte forma: "chegamos assim à era da engenharia social, na qual o talento empresarial amplia sua esfera de ação para orquestrar todo o conceito humano que cerca o complexo industrial. A política, a educação, o lazer, o entretenimento, a cultura como um todo, os impulsos inconscientes e até mesmo o protesto contra a tecnocracia – tudo se torna objeto de exame e de manipulação puramente técnicos."[50]

---

49. O livro de John Kenneth Galbraith, *O novo Estado Industrial*, Rio de Janeiro, Civilização Brasileira, 1968 é fundamental para entendermos o poder da tecnocracia e do que ele chama de "tecnoestrutura".

50. Roszak, Theodore. *A contracultura*. Petrópolis, Vozes, 1972, p. 19.

A presença da contracultura

Nessas condições, como diz John Kenneth Galbraith, a sociedade e o novo Estado industrial passam a ser administrados por uma "tecnoestrutura", onde as coisas simples e fáceis de entender ganham uma complexidade acessível apenas aos tecnocratas. As atividades humanas na economia, política e cultura, por exemplo, passam para o controle dos tecnocratas. A técnica sobrepõe-se à autonomia humana e passa a prevalecer na nova escala de valores. Temos, assim, uma sociedade onde tudo é meramente técnico. Trabalho de especialistas. A partir desta formidável complexidade, o próprio cidadão comum transfere para o tecnocrata questões que apenas este pode resolver. Nessa perspectiva, portanto, temos a sociedade organizada em tecnoestruturas, obedecendo à tradição ocidental, mas com todos os ingredientes de modernidade. Até aqui, claro, nenhuma novidade. Isto porque a tecnocracia tem raízes muito profundas e não se trata de modelo recente de sociedade. Ao contrário, ela é o resultado bem sucedido do desenvolvimento tecnológico e do *ethos* científico que alicerça e identifica a sociedade contemporânea. Aqui, novamente, tomo de empréstimo as palavras de Theodore Roszak quando define a tecnocracia como "aquela sociedade na qual os governantes justificam-se invocando especialistas técnicos, que, por sua vez, justificam-se invocando formas científicas de conhecimento. E além da autoridade da ciência não cabe recurso algum."[51]

Certamente, por isso mesmo, é que um dos fundamentos da sociedade tecnocrática se baseia na autoridade dos especialistas. Subjaz a esta característica uma força de controle ideológico imperceptível ao cidadão. Contemporaneamente, a tecnologia digital e eletrônica têm sido muito eficientes nessa direção. Mas, se a estratégia básica da tecnocracia é melhor organizar e aprimorar a sociedade, é preciso analisar as conseqüências dessa eficiente organização. O que está em jogo é a questão ideológica que passa, necessariamente, pela liberdade

---

51. Roszak, Theodore. Op. cit. p.21.

A Cultura da Juventude

individual e coletiva do cidadão. Organizar a sociedade de forma eficiente consiste em ouvi-la, analisar e formular opções de conduta coletiva. Não é isso o que temos visto, mesmo nas sociedades que se consideram livres e democráticas. As decisões mais importantes, especialmente no tocante à política, são tomadas por uma cúpula de dirigentes, que quase sempre desconhece ou conhece, apenas tangencialmente, as necessidades da sociedade. Aqui, a tecnocracia não usa as formas científicas de conhecimento. Não temos a autoridade dos especialistas e sim uma cúpula neófita, que procura soluções racionais e "politicamente corretas". Esta é a maneira mais eficiente de exercer sua razão e dar conta da responsabilidade social.

De outra parte, quando se trata de decisões econômicas, a concentração de interesses não envolve, necessariamente, questões ideológicas. Após a queda do muro de Berlim, o capitalismo reina soberano no mundo ocidental e, portanto, as implicações político-ideológicas já não têm a atenção de outras décadas, muito menos da época da "guerra fria". Assim, no plano econômico, as decisões convergem mesmo é para a administração prática de uma economia voltada para nossa contemporaneidade. Trata-se de fazer com que esta fantástica máquina econômica continue produzindo os excelentes resultados da relação capital/trabalho. É nesta direção que têm pensado os tecnocratas em nossa sociedade, isto é, no mundo capitalista.

No Estado industrial desenvolvido a sociedade moderna proporciona disparatadas alternativas tecnológicas. De um lado, temos a abundante produção de frivolidades, que tão bem representa a sociedade de massa onde, dentro da lógica formal do capitalismo, os publicitários nos estimulam a consumir. De outro lado, o não menos expressivo arsenal de produção industrial que objetiva simplesmente a destruição material e humana. E aqui, uma vez mais, recorro às palavras de Theodore Roszak para sintetizar meu pensamento a esse respeito: "a tecnocracia transformou-nos na mais científica das sociedades; no entanto, tal como o personagem K., de Kafka, em todo o 'mundo desenvolvido' os homens tornam-se

A presença da contracultura

cada vez mais perplexos dependentes de castelos inacessíveis, onde técnicos inescrutáveis conjuram o destino da humanidade... mas a atual geração de pais agarra-se à tecnocracia devido ao sentido míope da próspera segurança por ela proporcionada."[52]

Pois é este modelo de sociedade que os jovens dos anos 60 recusavam. Não estou incluindo toda a juventude, evidentemente. Mas, pode-se considerar significativa parcela de segmentos da classe média, de universitários muito receptivos ao movimento da contracultura e até mesmo alguns jovens filhos da tecnocracia, que também viviam o inconformismo e o desejo de inovação cultural. Se, de uma parte, tudo começou nos Estados Unidos, devemos registrar que, logo em seguida, as inquietações desses jovens adquiriram dimensões internacionais, A Europa Ocidental, alguns paises latino-americanos (entre eles o Brasil) e até o Japão, viveram momentos de grande tensão e agitação política e cultural, protagonizada por esta juventude que não se sujeitava ao *establishment*. Nos Estados Unidos, no entanto, a recusa seria muito passageira. A resistência ideológica abandonaria as questões políticas e se concentraria mais na transgressão da ordem social e na mudança dos padrões de comportamento. A partir deste momento, podemos dizer que o movimento da contracultura teve, pelo menos, duas diferentes vertentes, mas plenamente inter-relacionadas. A primeira, formada por um grupo de jovens certamente mais politizados, que freqüentavam os bancos das universidades. Ao lado de seus companheiros universitários ou não, o que eles desejavam mesmo era a transformação radical da sociedade. E mais do que isso, a substituição do sistema capitalista de Estado, pelo regime socialista. Portanto, a recusa radical à sociedade de classes. Contra a economia de mercado, a política de favorecimentos ao capital privado e, sobretudo, contra a cultura burguesa reprodutora do *status quo*. No centro dos grandes debates nas universidades, emergiam teorias que influenciariam sensivelmente os destinos

---

52. Roszak, Theodore. Op. cit. p. 25

A Cultura da Juventude

da contracultura, especialmente (mas não só) dessa vertente mais intelectualizada e politizada. A retomada das concepções teóricas marxistas foram determinantes nesse momento.

A rigor, há todo um conjunto de fatores que ajudariam o surgimento da contracultura. Dos anos 50, vêm o *rock'n'roll* e a chamada *beat generation*. Este último, um movimento (se é que assim podemos chamar) literário que propunha um estilo de vida e de comportamento diferente do universo pragmático e mercantilizado da sociedade norte-americana. Grandes nomes do *rock'n'roll* dos anos 60 como, Jim Morrison, Boby Dylan, John Lenon e Janis Joplin, reconhecem a importância e a influência dos *beatniks* em sua obra. A frase de Morrison é um bom exemplo de como esses jovens estavam estreitamente ligados às concepções da *beat generation*. E mais do que isso, retrata bem o clima *beat* de cultura: "nada mais pode sobreviver a um holocausto, a não ser poesia e canções."

Outro fato significativo, diz respeito à força com que se consolidaria a sociedade de massa, logo após a Segunda Guerra Mundial. Os motivos desse fenômeno nós já vimos, mas vale a pena relembrar. A opulência e a riqueza transformariam os Estados Unidos na sociedade da abundância e da exacerbação do consumo. Mas não um consumo democratizado como se poderia esperar ou, pelo menos, desejar. De qualquer modo, parte da juventude americana reagiria à sociedade de massa, àquele estilo de vida consumista com muita crítica e recusa. De certa forma, era uma posição política de contestação, mas estava inteiramente apartada das ideologias de esquerda. É da rejeição a este modelo de sociedade que surgem os grandes contingentes de *hippies* e, por decorrência, toda a cultura psicodélica que analiso mais à frente.

A grande agitação cultural nas universidades americanas e européias foi um acontecimento importante na formação da contracultura. Se a retomada das concepções teóricas marxistas foram de grande valia, é preciso registrar que elas não estavam sozinhas. Convém assinalar, por exemplo, a obra do filósofo alemão Hebert Marcuse, especialmente o livro *Eros e Civilização*,

A presença da contracultura

publicado em meados dos anos 50. Nesta obra, tão significativa para a contracultura e a juventude dos anos 60, Marcuse analisa a psicanálise freudiana sob a ótica da teoria marxista. Para ele, os estudos psicanalíticos de Freud apresentam outras discussões críticas à sociedade, que não haviam sido previstas pela teoria marxista. Quando se lê este livro, é possível compreender, com clareza, a forma meticulosa com que Marcuse transferiu valores não-históricos e psicológicos freudianos para as esferas essencialmente históricas e políticas do pensamento marxista.

Levando em conta a importância desta obra para o movimento da contracultura, faço uso das palavras do professor Paul A. Robinson para interpretar o pensamento marcuseano.: "os dois mais importantes conceitos que Marcuse desenvolveu *em Eros e Civilização* foram a mais-repressão e o princípio de desempenho. A noção de mais-repressão teve o intuito de introduzir uma dimensão histórica na equação geral de civilização e repressão de Freud. A mais-repressão designa as restrições 'quantitativas' à sexualidade que resultaram do domínio econômico e político."[53] De fato, quando Marcuse interpreta, simultaneamente, a teoria psicanalítica de Freud e as idéias de Marx sobre capital e trabalho, vemos que as categorias não-históricas e psicológicas podem somar-se às dimensões históricas e políticas da teoria marxista. Marcuse nos mostra ainda que, embora trabalhando com elementos diferentes, Marx (economia) e Freud (psicanálise) chegam a resultados muito semelhantes.

Se, de uma parte, a repressão sexual na civilização moderna é uma forma de alienação e dominação (Marcuse chama de "mais-repressão"), por outro lado, a conhecida teoria da *mais-valia* no processo de produção é igualmente alienante e serve como instrumento de dominação. Quando Marcuse usa o termo "mais-repressão" como instrumento de dominação, há uma clara referência

---

53. Robinson, Paul A. *A esquerda freudiana*. Rio de Janeiro: Civilização Brasileira, 1971, p. 157 e 158.

A Cultura da Juventude

à expressão *mais-valia* de Marx. Ambos, no entanto, convergem para o mesmo significado, isto é, a exploração quantitativa do capital sobre o homem. E aqui, novamente, fico com as palavras de Paul A. Robinson, acerca das convergências entre marxismo e psicanálise, quando o autor fala do livro de Herbert Marcuse: "é minha convicção de que a tática subjacente de '*Eros e Civilização*' tinha por finalidade pôr de acordo a teoria freudiana com as categorias do marxismo. Essa diligência não resultou numa redução de Freud a Marx; Marcuse achava, francamente, que a Psicanálise abriria dimensões críticas que não tinham sido previstas na teoria marxista."[54]

Assim, as idéias que envolvem o Capitalismo, repressão, alienação, sexualidade, dominação, liberdade, entre outras categorias, faria do livro *Eros e Civilização*, um grande estímulo a mais para que a juventude continuasse acreditando na transformação social, na renovação de valores da sociedade, em maior liberdade, enfim, em tudo aquilo que preconizava o movimento da contracultura. Restava, agora, se direcionar para a objetividade empírica dos fatos e do que pretendiam os jovens. Como nos esclarece Wilhelm Reich: "as discussões teóricas são habitualmente estéreis, quando não as situamos no terreno das questões concretas e práticas."[55] Foi isso, precisamente, o que fez boa parte da juventude que contestava o autoritarismo de uma sociedade superdirigida, de rótulos, clichês e comportamentos previsíveis, com os quais já não conseguia mais conviver.

Nessas condições, passar da teoria à prática, embora fosse uma trajetória dolorosa, era inevitável. Expressiva parcela da juventude européia, americana, japonesa e latino-americana já procurava outros caminhos que a conduzissem à maior liberdade e menos vigilância da sociedade. Se o contexto político-ecônomico de cada país, já era motivo de insatisfação desses jovens, não podemos

---

54. Robinson, Paul A. Op. cit. p. 157.

55. Reich, Wilhelm e outros. *Psicanálise: fatores sociopolíticos*. Porto: RÉS, 1976, p. 62.

A presença da contracultura

subestimar, de outra parte, sua natural impetuosidade em busca da justiça social. Não há nenhuma dúvida de que essa vertente mais intelectualizada, mais esclarecida da contracultura pensava nisso: tanto quanto na situação de desaprazimento em que vivia. Configurava-se ainda, com clareza, um antagonismo entre gerações em meio a grandes desencontros e conflitos políticos internacionais, gerando incerteza e pessimismo. Apenas para ilustrar, lembro-me da "guerra fria" e da guerra do Vietnã. Nesse aspecto, a juventude européia era bem mais atuante do que seus companheiros norte-americanos. Mas há uma explicação para isso. Embora rigoroso em sua avaliação política sobre os jovens europeus (até com certa razão), Theodore Roszak acrescenta o seguinte: "herdeiros de um legado esquerdista institucionalizado, os jovens radicais europeus ainda se inclinam a ver-se como os paladinos do 'povo' (a classe trabalhadora) contra a opressão da burguesia (na maioria dos casos seus próprios pais). Por conseguinte, tentam bravamente adaptar-se aos padrões habituais do passado. Automaticamente, dentro de linhas ideológicas estabelecidas, procuram aliados – os trabalhadores, os sindicatos, os partidos de esquerda – apenas para constatar que, estranhamente, as esperadas alianças não se concretizam e que eles se encontram sós e isolados, uma vanguarda sem seguidores."[56]

As palavras de Roszak são esclarecedoras e bastante coerentes com os fatos históricos. De fato, foi isso o que ocorreu. A juventude européia, ao politizar suas reivindicações, tornar-se-ia mesmo "uma vanguarda sem seguidores". Seja como for, o que não podemos é, diante dos fatos, subestimar a força política da juventude naquela ocasião. Com o apoio do CGT – *Central Général des Travailleurs* e do Partido Comunista, eles chegaram mesmo, ainda que por alguns dias, a abalar as estruturas da sociedade francesa. Logo depois, porém, a rebelião de maio de 1968 perderia espaço

---

56. Roszak, Theodore. Op. cit. p. 16.

A Cultura da Juventude

para os acordos fixados entre o próprio governo francês, na pessoa de Charles De Gaulle (ele teria negociado pessoalmente), a CGT e o PC. O apoio político aos jovens estudantes liderado por Daniel Cohn Bendit viria de grandes personalidades da *intelligentsia* francesa como, o filósofo Jean-Paul Sartre, Michel Foucault, Louis Althusser, entre outros. Mesmo assim, ainda era insuficiente. Do outro lado das barricadas, criadas por esses jovens, estava o grande lastro dos mais diversos segmentos da sociedade francesa, disposto a assegurar o *status-quo*.

O apoio das forças sociais adultas não veio. Eles viam no movimento estudantil uma manifestação anárquica e irresponsável, contra o qual o Estado deveria ser rigoroso, restabelecer a ordem e não tergirversar. Nem mesmo o apoio da tradicional esquerda francesa, reverenciada pelo seu alto nível de politização, acataria a causa dos estudantes. A classe operária, fiel aliada no início da grande greve de maio de 1968, capitularia. O Estado a cooptou, oferecendo-lhe vantagens trabalhistas, entre elas, uma política salarial mais vantajosa. Assistimos, assim, a um verdadeiro conflito não só político-ideológico, mas também de geração, de formas diferentes de ver e de interpretar o mundo.

O visual das barricadas não deixava qualquer dúvida quanto à opção marxista dos jovens contestadores franceses. Grandes retratos de Lênin, Mao-Tse-Tung, Karl Marx e Ernesto "Che" Guevara, ao lado de bandeiras vermelhas, dos incessantes cantos da Internacional, davam o tom preciso do adorno ideológico das trincheiras. Em menores proporções, outros protestos de estudantes surgiriam ainda na Alemanha, Inglaterra e Itália, nessa mesma época. Aqui, nada a registrar, senão a indiferença da sociedade às manifestações e reivindicações e uma geração que desejava mudar o mundo. E mais do que isso, almejava tornar real a utopia da justiça social imaginada por Thomas Morus. Uma ilha/nação, com um sistema sociopolítico ideal, que proporciona ótimas condições de vida, igualdade e felicidade aos seus habitantes.

A presença da contracultura

A figura do grande mito: *Che* Guevara.

Pois bem, a juventude européia nos anos 60 vivia e vive ainda hoje em sociedades democráticas, mostrou sua insatisfação organizando protestos e rebeliões contra o Estado. Os jovens americanos, como já registramos anteriormente, não têm essa prática política mais desenvolvida. Falta-lhes a experiência nesse sentido. É que o desempenho político da esquerda naquele país sempre foi muito tímido e limitado. Mesmo assim, na década de 60, eles foram às ruas se manifestar contra os atos de racismo que se espalharam por quase todo o território americano. No trabalho bem realizado de Carlos Alberto Messeder Pereira, temos a idéia das manifestações da juventude americana nessa época. Vejamos: "especialmente no que se refere aos Estados Unidos, toda a movimentação em torno das várias manifestações da cultura jovem, indo do *flower power* aos estudantes e intelectuais da Nova Esquerda, passando por movimentos como o *gay power* ou *women's lib*, é acompanhada de perto pelo surgimento e pela consolidação do *black power*, o poder negro, cuja luta teve como ponto de partida e ponte de articulação com a revolta de outros grupos a difícil batalha pelos direitos civis que marcou, desde o início, a década de 60 nos Estados Unidos."[57]

---

[57]. Pereira, Carlos Alberto M. *O que é contracultura*. São Paulo: Brasiliense, 1983, p. 41.

A Cultura da Juventude

No Brasil, diferentemente dos países ocidentais europeus e dos Estados Unidos, ainda não consolidamos a democracia como sistema de governo. Portanto, um compromisso a mais da juventude brasileira é fortalecer, solidificar nossas instituições democráticas. Uma rápida passagem por nossa história política já seria o suficiente para se constatar que tivemos, na verdade, o que aqui podemos chamar de débeis e breves períodos democráticos, pelo menos até 1985. A década de 60, como sabemos, foi especialmente sinistra para a democracia e a sociedade brasileira. Iniciaria com a eleição do presidente Jânio Quadros, que permaneceu apenas sete meses no poder. Nem chegou a dizer o que pretendia fazer com o cargo de presidente. Renunciou por motivos não devidamente esclarecidos até hoje e foi morar em Londres por algum tempo. O vice-presidente João Goulart assume a presidência e, em 1964, é deposto por um golpe militar. Daí em diante, até 1985, vivenciamos um terrível período de autoritarismo imposto pelos militares, como se o país fosse um grande quartel. Somente a partir de outubro de 1978 quando o Congresso Nacional aprova a emenda constitucional número 11 (ela entraria em vigor em 1º de janeiro de 1979), é que o quadro político se abrandaria. Assim, se os jovens europeus, e até certo ponto os americanos, viviam em uma sociedade abúlica, tomada pelo torpor e, por isso mesmo, se recusavam a integrar-se à ordem estabelecida, a juventude brasileira vivia outra realidade política e social. Sua luta e reivindicações, pelo menos no início, era pelo restabelecimento das liberdades democráticas, como mostram os estudiosos da nossa história contemporânea. Os mais diversos segmentos da sociedade se mobilizariam com este objetivo.

Mesmo um pouco antes de os militares tomarem o poder, estudantes e intelectuais já reivindicavam reformas de base. O objetivo era fortalecer as instituições democráticas que, uma vez mais, corriam sérios riscos durante o governo João Goulart. Os militares já haviam demonstrado sua insatisfação e o país caminhava para o autoritarismo. Um dos motivos deste descontentamento, entre outros, era o fato de que a UNE – União Nacional dos Estudantes

A presença da contracultura

mobilizava milhares de jovens para discutir a política e a cultura brasileira. E isto, com a anuência do governo federal, uma vez que esta entidade atuava legalmente. Assim é que, em 1961, a própria UNE criaria o primeiro CPC – Centro popular de Cultura, abrindo espaço para o surgimento de diversos outros em todo o país. Bem intencionados, os membros dos CPCs desejavam criar condições e motivar as pessoas a fundar uma concepção mais democrática da cultura popular brasileira. Em outros termos, pensar na "cultura nacional-popular democrática." O objetivo era, por intermédio da cultura e das artes, levar a todos os segmentos das classes populares um nível de politização e de consciência, capaz de reconhecer sua importância e seu próprio compromisso histórico com a sociedade. Nessa época, cada vez mais, ganhava força a ideologia política marxista que, de certa forma, com a queda de Fulgêncio Batista e a ascensão de Fidel Castro ao poder, liderando a "revolução do povo cubano", chegava à América Latina. Este é um acontecimento histórico, que empolgaria os jovens universitários, intelectuais e outros segmentos progressistas do nosso país. Até porque vivíamos uma situação política interna, especialmente propícia para uma abertura político-ideológica à esquerda. Com o apoio e estímulo dos CPCs, surgiria o artista criador da chamada "arte engajada", também chamada de "arte revolucionária". Os objetivos, claro, eram sempre os mesmos: fazer com que o povo, ao se deparar com esses trabalhos, pudesse interpretá-los e tomar consciência de sua importância política para decidir sobre os rumos do país. Nessa direção, porém, os CPCs tinham um projeto bastante inovador e muito simpático, a meu ver, que era o contato direto com o povo, procurando reinterpretar seu cotidiano por meio das artes.

Os pesquisadores Heloisa Buarque de Hollanda e Marcos A. Gonçalves nos dão uma idéia bem clara desse momento significativo para a juventude universitária do Brasil, suas propostas e objetivos. Ao comentarem a efervescência política e o trabalho desses jovens, eles mostram que os CPCs "encenavam peças em portas de fábricas, favelas e sindicatos; publicavam cadernos de poesia

A Cultura da Juventude

vendidos a preços populares e iniciavam a realização pioneira de filmes autofinanciados. De dezembro de 1961 a dezembro de 1962, o CPC do Rio produziria as pecas 'Eles não usam *black-tie* e 'A vez da Recusa'; o filme 'Cinco Vezes favela', a coleção 'Cadernos do povo' e a série 'Violão de Rua'. Promoveria ainda cursos de teatro, cinema, artes visuais e filosofia e a UNE–volante, uma excursão que por três meses percorreu todas as capitais do Brasil, para travar contato com bases universitárias, operárias e camponesas."[58]

É preciso registrar, no entanto, que o projeto político-cultural dos jovens do CPC tinha, de certa forma, a anuência do governo federal. Isto porque, era notória a proposta político-ideológica do CPC, no sentido da transformação estrutural do sistema de governo do Estado. E, ainda assim, o governo Goulart teve o respeito pelo trabalho político daqueles jovens e a grandeza de verdadeiro democrata, não reprimindo-os. Digo isto, porque o nosso país, ainda não inteiramente familiarizado com o universo das práticas democráticas, sempre derrapa, claudica nesses momentos. Nesse aspecto, o governo de João Goulart foi realmente uma exceção. Circulavam as mais diversas propostas, concepções e modelos políticos de Estado, sem que o próprio Estado interviesse. Aliás, ao contrário, surgiriam ainda outras instituições da juventude estudantil. Algumas entidades ligadas ao poder municipal ou estadual, com objetivos muito semelhantes aos do CPC. Apenas, como exemplo, quero citar o MCP – Movimento de Cultura Popular, apoiado por Miguel Arraes, governador de Pernambuco. Talvez o aspecto mais marcante dessa entidade tenha sido mesmo seu trabalho pedagógico. Por intermédio do "Método Paulo Freire", muito em voga naquela época, os jovens universitários do MCP se dedicavam a alfabetizar a periferia pobre das cidades pernambucanas.

Em meu livro, *A cultura político-musical brasileira*, eu analiso de modo mais detalhado, o bem intencionado trabalho do

---

58. Hollanda, Heloisa B. de e Gonçalves, Marcos A. *Cultura e participação nos anos 60*. São Paulo: Brasiliense, 1995, p. 10.

A presença da contracultura

CPC junto aos operários, desempregados, camponeses e favelados. Foi um momento de grande importância, não só para o país, mas também para a experiência e a prática democrática daqueles jovens. Espero não precisar me repetir, mas considero imprescindível um breve comentário a esse respeito. De lá para cá, já se passaram 47 anos. Um espaço temporal suficiente para que possamos pensar neste tema, sem pendores político-ideológicos, acerca de um acontecimento histórico extremamente significativo para a cultura da juventude brasileira. Se, de uma parte, a organização dos CPCs funcionava muito bem e ia de fato ao encontro dos desvalidos e dos baixos estratos da sociedade brasileira, por outro lado, é preciso pensar melhor nesse contato. O diálogo desses jovens com o universo da "cultura da pobreza" era quase sempre obliterado pela "norma culta", ou melhor, pela própria diferença de cultura de classes. A comunicação entre ambas era precária, apesar do esforço dos jovens universitários em reinterpretar o cotidiano da classe proletária. Era muito difícil, como é até hoje, explicar aos trabalhadores, na prática, que as relações entre o capital e o trabalho no capitalismo se plasmam na exploração de um pelo outro, respectivamente. O jovem teatrólogo Oduvaldo Viana Filho (Vianinha), bem que tentou com sua peça *A mais-valia vai acabar, seu Edgar* que, um pouco mais tarde em 1969, seria adaptada para o cinema também. Nessa obra, o objetivo era mostrar como se dão as relações de trabalho no capitalismo e como ocorre a luta de classes entre opressor e oprimido.

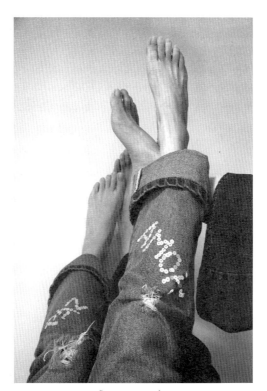

Surge a contracultura.

VII

A juventude da cultura psicodélica

A terceira vertente da contracultura, de certo modo, é a absorção de elementos e comportamentos dos dois conceitos anteriores, mas acrescido de um aspecto importante: a cultura psicodélica. Assim, antes de mais nada, é preciso sabermos com clareza o significado do termo psicodélico, para evitar generalizações e comentários imprecisos. Além disso, tem uma força didática maior. Ao consultar os dicionários Houaiss e Aurélio, percebe-se que os conceitos de ambos são convergentes. Assim sendo, optei pela definição deste último que, me parece, vai bem ao encontro das análises a serem feitas a partir de agora. Vejamos o que diz o texto do dicionário: "psicodélico. Diz-se das drogas que provocam alucinações. Diz-se das alucinações ou visões, geralmente coloridas e fragmentadas, que essas drogas provocam. Diz-se de decoração, roupas, objetos, etc., de cores muito vivas, e totalmente fora dos padrões costumeiros. Diz-se daquilo ou daquele que se distingue do meio tradicional, ou pela decoração, ou pela atitude, ou pela maquilagem, ou pela roupa, etc."[59].

Pois bem, o conceito de psicodélico que integra o universo da contracultura está muito bem contemplado aqui e facilitará a intelecção do texto. A experiência psicodélica e o fascínio pelas drogas alucinógenas marcaram profundamente a história e a vida dos jovens rebeldes que integraram o movimento da contracultura.

---

59. Ferreira, Aurélio Buarque de Holanda. *Novo dicionário da língua portuguesa*. Rio de Janeiro, Nova Fronteira, 1975, p. 1163.

A juventude da cultura psicodélica

Se, de uma parte e em alguns momentos, o consumo exacerbado dos alucinógenos significava a recusa à ordem estabelecida, e ao universo do adulto, responsável, previsível e torpe, de outro lado, toda a rebeldia, a convicção e a busca de novos valores ficariam na mediação entre a realização e a dúvida. A própria trajetória do movimento da contracultura nos mostra que, em muitos casos, a fatalidade antecipou-se à realização.

Assim, é preciso muita cautela quando lemos justificativas para experiências alucinógenas, argumentando tratar-se de ensaios científicos. Claro, é evidente que como projeto intelectual tem sentido. O problema não está aí, está, isto sim, na banalização que se fará dessa experiência e no impacto nada saudável sobre a nossa juventude. As observações de Theodor Roszak, além de pertinentes, são muito bem-vindas. Ao analisar as relações dos jovens da contracultura com suas experiências psicodélicas, o autor é enfático: "não há o menor ponto em comum entre o fato de um homem com a experiência e a disciplina intelectual de Huxley experimentar mescalina e um menino de quinze anos aspirar um solvente sintético como cola de avião até seu cérebro esfacelar. No primeiro caso temos uma mente privilegiada buscando experientemente uma síntese cultural; no segundo, uma criança tonta buscando prazer na visão de balõezinhos coloridos."[60] Aqui temos um exemplo claro da experiência psicodélica. Seus limites no tocante aos ensaios científicos e ao consumo puro e simples, motivado quiçá pela curiosidade, fascínio ou dependência mesmo, formam dois universos inteiramente diferentes.

Com efeito, há outros limites não menos importantes a serem pensados. Refiro-me à ingerência das drogas psicodélicas e os seus reais efeitos no comportamento dos jovens. Não é verdade, por exemplo, que as reações químicas no cérebro desses adolescentes sempre lhes transportem para um estado de paz, de sabedoria, de quietude, enfim, para um estágio de nirvana. Se a droga tem sempre

---

60. Roszak, Theodore. Op. cit. p. 165.

ação sensorial, se ela aguça, exacerba os sentidos, então haverá, enquanto permanecer seu efeito, sensível alteração da personalidade e de comportamento. Teremos, assim, aqueles jovens adolescentes que se sentirão alegres, fortes, poderosos e ficam com a falsa sensação de que podem tudo. O efeito inverso também é verdadeiro. O jovem de personalidade mais recôndita e comportamento reservado tende naturalmente à introspecção. Ele pode concentrar-se em um único estágio de consciência. A afasia e o olhar que nada observa formam o perfil do seu momento quimicamente alterado. Nesse caso, entram em discussão alguns aspectos que devem ser observados. A composição química da droga psicodélica, sua densidade e quantidade usada.

Seja como for, os resultados dessa experiência conduz o ator a viver momentos confusos, interpretados por Sigmund Freud como "conflito psíquico", isto é, oposições entre a "pulsão de morte" e a "pulsão de vida"[61]. Em seu livro intitulado *Life Against Death* (Vida Contra Morte), Norman O. Brown prefere chamar este estado psicológico de a luta de *Eros X Thanatos*. De concreto, no entanto, é que as pesquisas psicológicas com as experiências dos jovens, pelo menos nos tempos da contracultura, foram muito pouco eficientes. Os resultados a que chegou o professor Alan Watts, da Universidade de Harvard, embora tenham mostrado acuidade e rigor científico, chegaram até certo estágio, mas precisariam ter evoluído pelo menos um pouco mais. O problema é que não apareceu mais alguém disposto a dar seqüência ao seu trabalho. Em suas experiências, os alucinógenos deveriam trazer à luz, à percepção do pesquisador, os estágios desconhecidos da nossa consciência ou, pelo menos, deles nos aproximar. O próprio professor Watts, porém, reconhece não ter atingido seus objetivos. Como resultado eles seriam fundamentais,

---

61. O conceito freudiano de "conflito psíquico" ocorre quando, no indivíduo, se opõem exigências internas contrárias. Por exemplo, se ele vive dois sentimentos contraditórios. Pode traduzir-se ainda pela formação de sintomas, desordens do comportamento, perturbações do caráter, etc. Entre as formas de "conflito psíquico", a psicanálise considera os conflitos entre a "pulsão de vida" e a "pulsão de morte" como um dos mais perturbadores ao homem. O livro de J. Laplanche e J.B. Pontalis, *Vocabulário da psicanálise*, Braga, Livraria Martins Fontes Ltda., 1970 apresenta uma análise mais detalhada dos conceitos acima.

A juventude da cultura psicodélica

ainda que esses estágios não fossem descobertos em sua totalidade. Eles poderiam nos fornecer um *feedback* capaz de interpretarmos as reações físicas e psicológicas que os agentes químicos artificiais podem causar no cérebro humano. Assim, é compreensível, como pesquisa científica, o uso responsável, bem administrado e assistido, do que nos reserva o universo psicodélico. Não foi isso, nem poderia ser com esse propósito, o que ocorreu com a juventude da contracultura nos anos 60. Boa parte dessa incrível geração mergulhou pateticamente no fantástico (ou fantasmagórico?) mundo das drogas, motivada pelo forte desejo de viver experiências psicodélicas. O problema, entretanto, não residia nessa prática, da mesma forma como não ocorre em nossos dias. Estava, isto sim, no fato de os jovens adolescentes (mas adultos também) usarem alucinógenos sem nenhum critério.

Certamente um dos grandes problemas é justamente estabelecer essas medidas e saber como administrá-las ou, talvez até mesmo não se cogitar nada disso. E como esperar regras, normas e medidas daquela juventude? As drogas eram apenas um instrumento de prazer fugaz, de revolta dos adolescentes contra a ordem estabelecida (alguns nem tinham essa consciência), de uma sociedade corrompida, mercantilizada pela exacerbação do consumo. Nos Estados Unidos, por exemplo, berço de todo o movimento da contracultura, os jovens viviam uma insatisfação e um anseio vazio que cedia espaço em suas vidas para as experiências com drogas psicodélicas.

Se, de uma parte, não havia critérios para o consumo desses alucinógenos, por outro lado, não existia (como ocorre ainda em nossos dias) o discernimento claro entre o estágio do chamado "fascínio compulsivo" e a "dependência consumada". Até porque a avaliação deste último binômio permanece ainda muito fluida e imprecisa. E mais do que isso, o conceito de "dependência química", modernamente, ganhou diversas outras conotações, mas permanece em discussão pelos estudiosos. Ele não passa apenas pelo que pode revelar a pesquisa científica.

A Cultura da Juventude

Entram em pauta agora, especialmente, os interesses econômicos e sociais. Algo semelhante, por exemplo, à fabricação social da loucura, já tão discutida sob vários ângulos na literatura científica. Quero destacar, além dos estudos clássicos de Sigmund Freud, outros mais contemporâneos como os de David Cooper, Michel Foucault e Ronald Laing, que tratam exaustivamente deste tema. Seja como for, boa parte dos jovens rebeldes, não só nos Estados Unidos, mas do movimento da contracultura em todo o mundo, viveu o limiar entre o "fascínio compulsivo" e a "dependência consumada" que, de acordo com os estudos psiquiátricos, pode levar o consumidor de drogas a algum tipo de demência. Ou ainda, se apelarmos para o conjunto de referências teóricas da psicanálise, é como se tivessem que optar entre um dos princípios antagônicos, isto é, o "princípio de realidade" ou o "princípio de prazer".

Mas, simultaneamente a todo esse universo do consumo do LSD, maconha, anfetaminas, ácidos e outros alucinógenos industriais ou caseiros (cogumelos, por exemplo), havia um comércio que ia ao encontro do estilo de vida que recusava a ordem estabelecida. Refiro-me a toda uma literatura *underground*, que surge nessa época na Califórnia como, por exemplo, a revista *Oracle* (de 1966) e outros semanários como *Freedom,* de vida curta mais muito intensa.

Mas, se, por um lado, esta cultura jovem representava a recusa ao *establishment*, à exacerbação do consumo e a outras formas que tão bem tipificam a sociedade de massa, de outra parte, era fácil perceber contradições de base nessa vertente da contracultura, que passaria a ser chamada de *cultura hippie*. É que havia um comércio *underground,* mas bem organizado, de produtos à venda, como em qualquer loja de departamentos da sociedade de consumo. A mercadoria destinada a esse público especial, em nada ou quase nada, se identificava com a estética dos produtos postos à venda no comércio convencional. Mas se esteticamente se buscava uma certa originalidade (e nesse aspecto a cultura *hippie* foi muito bem sucedida), ainda assim permaneciam os princípios básicos

A juventude da cultura psicodélica

do capitalismo: a relação de troca da mercadoria pelo capital que resulta no lucro. Este é um dos fundamentos da economia privada, potencializado ao máximo na chamada sociedade de massa, tão contestada pelos *hippies*.

Quando Theodore Roszak analisa a função e o desempenho dos semanários *undergrounds* no comércio e na cultura *hippie*, temos a noção muito clara das contradições a que me refiro. Diz ele: "os editoriais transformaram as leis sobre narcóticos e as maneiras de burlar as autoridades fiscalizadoras no alfa e ômega da política. Entretanto, os anúncios traem o fato de que as publicações tornaram-se cada vez mais dependentes de uma economia *hip* local, cujas mercadorias, espetáculos luminosos, música de *rock*, cartazes, luzes eletrônicas, jóias, botões de lapela, guizos, colares de contas, óculos para luz negra, cachimbos para tóxicos e amplo sortimento de 'equipamento mental' – destinam-se na maioria a ser percebidas através de uma névoa narcótica, ou pelo menos tentam de toda forma glamurizar as drogas, aprofundando a fascinação ou a necessidade."[62]

Como se pode perceber nas palavras do autor, havia um comércio *hippie* perfeitamente integrado à economia de mercado. Pode-se dizer mesmo, uma interdependência entre comércio, publicidade e imprensa *underground*, representada especialmente por jornais e revistas que anunciavam e divulgavam os produtos colocados à venda para o público jovem dessa vertente da contracultura. Veríamos que, no decorrer do tempo e com o sucesso deste comércio atípico, chegariam os comerciantes convencionais, disponibilizando ao mercado *hippie* uma gama muito grande de produtos para esses jovens.

A partir desse momento, no entanto, se houvesse de fato, um *ethos* comercial (o termo soa estranho) dessa cultura *underground*, ele estaria sendo sepultado ou, quando menos, perdendo sua identidade. Assim, se no início a grande maioria ou até a totalidade

---

62. Roszak, Theodore. Op. cit. p. 167 e 168.

A Cultura da Juventude

dos produtos à venda ia ao encontro da cultura *hippie*, a partir de agora eles estariam misturados a todos os objetos e pertences produzidos em escala industrial. Dessa forma, cristalizava-se aos poucos o fim do comércio *hippie*, se assim podemos chamar. É preciso entender, no entanto, que este segmento da cultura *underground* teria pouquíssimas chances (a rigor, nenhuma mesmo) de se manter fiel aos seus princípios não capitalistas. E, aqui, teoria e prática são inteiramente convergentes.

A mercadoria *hippie*.

A juventude da cultura psicodélica

Se em uma sociedade onde tudo está organizado em função das relações econômico-financeiras, como sobreviver sem delas participar? Não há como fazê-lo. Até os desvalidos, excluídos do processo de produção e que não conseguem trabalho, dependem substancialmente dessa estrutura. Ou porque passam a viver de ajudas eventuais de outras pessoas (caso do mendigo, por exemplo), ou ainda porque recebem o seguro-desemprego do Estado. Assim, de uma forma ou de outra todos nós, vivendo em uma sociedade capitalista, dependemos das relações econômico-financeiras.[63]

Nesse aspecto, portanto, sem nenhuma interferência parcial é compreensível que, pelo menos no tocante ao comércio *hippie*, não haveria outra alternativa. A organização desse comércio, com produtos e mercadorias originais, não significa a inserção da cultura *underground* na sociedade de massa. O objetivo, rigorosamente, não era esse. O problema é que, com esta intenção ou não, toda relação de troca da mercadoria pelo capital, pressupõe uma transação mercantil que, em última instância, deve gerar lucro.

Nesse caso, embora recusando os preceitos básicos da sociedade de massa, o comércio *hippie* teve, necessariamente, que adaptar-se minimamente aos ditames da sociedade de consumo. Além dessa imposição doutrinário-filosófica, afinal vivemos no capitalismo ocidental, não devemos ainda subestimar a presença de comerciantes, ou simplesmente de pessoas oportunistas no comércio *hippie*. O caso brasileiro é pródigo em exemplos dessa natureza e não é exceção. Este é um fenômeno que ocorre de forma quase rotineira nas grandes cidades do meio urbano-industrial. Voltaremos a este tema, quando analisarmos a presença da contracultura no Brasil.

Os desdobramentos do comércio *hippie* nos Estados Unidos, de certo modo, comprometeriam em boa parte toda aquela filosofia de recusa à ordem estabelecida. Entretanto, para agravar ainda mais

---

63. Para melhor se estudar as relações econômico-financeiras no Capitalismo, deve-se iniciar pelo importante trabalho de Leo Huberman, *História da riqueza do homem*, Rio de Janeiro, Zahar Editores, 1983. Neste livro o autor nos dá a noção do significado do dinheiro nas relações sociais.

A Cultura da Juventude

este quadro, a situação desta jovem cultura *underground* ganharia contornos bastante sombrios. A marginalidade e a corrupção, apenas para lembrar, são alguns dos delitos bastante recorrentes no universo *hippie*. O sociólogo Theodore Roszak, um dos mais importantes estudiosos da contracultura, chega mesmo a dizer que o universo *underground* dos jovens *hippies* estava mergulhado em uma cultura decadente. É evidente (e esta observação é importante) que o autor se reportava às formas de contestação daqueles jovens à ordem estabelecida.

Suas palavras são bem dirigidas e têm como objetivo alertar sobre a sordidez dos aproveitadores, sempre atentos e dispostos a auferirem lucros com seus delitos. Referindo-se à compra, venda e consumo de narcóticos, Roszak é implacável com o comércio psicodélico em torno da cultura *hippie*. Vejamos seu texto: "se a obsessão psicodélica não passasse de um sintoma de empobrecimento cultural, as coisas já estariam bastante más. Entretanto, é preciso completar o quadro sombrio acrescentando as relações exploradoras, muitas vezes corruptas e, em alguns casos, até assassinas que se formam inevitavelmente em torno de qualquer comércio ilegal. A sobrevivência num meio urbano ainda depende de dinheiro, mesmo que seja apenas para comer. E são os narcóticos, com seu comércio subsidiário, que levam o dinheiro a comunidades como a *East Village* e *Haight-Ashbury*.[64]

Roszak estabelece estreita relação entre uma parte da comunidade *hippie* e a marginália do tráfico de entorpecentes. Entretanto, o problema mais sério, até que o próprio consumo de drogas, está apenas subjacente. Esta é uma questão que atravessou o tempo, tornou-se de domínio público, permanece viva e atuante na nossa contemporaneidade. Desde os anos 60, nas comunidades *hippies*, até nossos dias, nas Universidades ou em qualquer lugar público de alta concentração de jovens, esta situação mantém-se inalterada. Sabemos que o abastecimento de drogas psicodélicas, apesar dos esforços das autoridades em coibir esta prática criminosa, resulta inalterado e ininterrupto.

---

64. Roszak, Theodore. Op. cit. p. 168.

A juventude da cultura psicodélica

O problema é que tanto naquela época, como em nossos dias, a relação entre o fornecimento e o consumo de narcóticos sempre foi muito nebulosa. Da mesma forma, por exemplo, que hoje os traficantes agem livremente dentro das Universidades e Colégios travestidos de estudantes, o mesmo ocorria nas comunidades *hippies*, em todos os lugares do mundo onde elas existissem. Nesse aspecto, hoje como antes, é muito difícil discernir o fornecedor da droga do seu consumidor. E quando isso acontece, ambos são considerados igualmente criminosos. Há ainda uma terceira figura da qual pouco se fala: o aliciador. Sua função é como se fosse uma espécie de "relações públicas" ou um homem de *marketing* dos narcóticos. São termos aparentemente inadequados para um produto legalmente proibido, mas é assim mesmo que funciona.

Trabalhando com a idéia mística em torno das drogas, explorando a curiosidade e, em alguns casos, a própria ingenuidade desses jovens, o "relações públicas" psicodélico oferece uma pequena "amostra grátis" ao potencial futuro consumidor. Com efeito, esta prática criminosa (do fornecedor e aliciador) é muito mais freqüente do que possa parecer. Aliás, ela tem sido permanente. De qualquer modo, entendo que as autoridades deveriam dar tratamentos diferentes ao consumidor de um lado, e ao fornecedor e aliciador de outro. Esses dois últimos quase sempre, quando descobertos, as investigações revelam suas ligações com o crime organizado. Descobri-los, porém, é uma tarefa muito difícil e, na mesma proporção, de alto risco. Até porque, no âmbito universitário, por exemplo, o próprio traficante pode ser aluno regularmente matriculado de algum curso. Como é de domínio público, denunciá-lo quase sempre traz sérias conseqüências ao denunciante, se descoberto. Elas podem ir desde ameaças físicas pessoais ou a parentes, até a morte.

De qualquer modo, se o consumo de drogas psicodélicas é uma questão inicialmente de foro íntimo, pessoal e posteriormente de ordem social, o mesmo já não se pode dizer do seu fornecimento e aliciamento. Nesse caso, é um ato delituoso mesmo. É crime e,

A Cultura da Juventude

como tal, punível pelas leis do Estado que regem a sociedade. O fato é que não se pode fugir à verdade, muito menos romantizar este segmento da cultura da juventude que, rigorosamente, nada tem a ver com ela. O banditismo está presente em quase todos os setores da sociedade. Os aliciadores e fornecedores de drogas formam apenas uma pequena extensão do crime organizado e que no Brasil tornou-se quase tão poderoso quanto o Estado oficial. Com autoridade suficiente, por exemplo, para fechar o comércio e limitar a circulação de pessoas nas principais cidades do país, como já aconteceu em São Paulo e no Rio de Janeiro.

As comunidades *hippies* dos anos 60, ainda que não fossem a maioria, realmente se tornaram, em alguns momentos, casos de intervenção policial à procura de drogas psicodélicas. E, mais do que isso, em certas situações abrigavam traficantes vendedores de produtos que "intensificavam a consciência", apenas para usar a expressão do professor Timothy Leary, da Universidade de Harvard. Este era um tipo de comércio criminoso do tráfico que convivia com as comunidades *hippies*. De certo modo, este acontecimento redundaria no desvirtuamento do movimento desses simpáticos jovens coloridos. A própria imagem pública do *hippie* na sociedade passaria, aos poucos, a ser vista como algo negativamente clandestino, em que pese todo o conservadorismo a ser considerado nesse momento.

O professor Timothy Leary tem seu nome fortemente associado ao movimento da contracultura. Com ele, nasce o entusiasmo entre os jovens americanos pelo culto e pelas experiências psicodélicas. A cultura jovem dos anos 60 tem profunda influência deste professor, especialmente no que diz respeito ao universo psicodélico com as "plantas divinas" e a religiosidade mística. Na verdade, é com este professor que os agentes alucinógenos industrializados e/ou naturais encontram-se harmoniosamente com a idéia de religião. A idéia em si não é nova, mas apenas a presença de sintéticos químicos, dá o tom de algo novo e revolucionário. O professor e pesquisador Alan Watts, também da Universidade

A juventude da cultura psicodélica

de Harvard, escreveu sobre este tema e nos apresenta importantes resultados em seu trabalho. Estabelecendo estreita ligação entre as grandes religiões do mundo e a bebida, ele nos mostra que, enquanto o cristianismo e o judaísmo associam-se ao vinho, o hinduísmo ao leite de vaca e o budismo ao chá, a religiosidade indígena usa o chá das plantas nativas com os mesmos objetivos. Em certo momento ele acrescenta que "em todas as culturas dos nativos americanos, a religião é centrada em plantas divinas. Os nativos americanos usam o cacto peiote, o yagé, cogumelos como o *psylicibin mexicana*, a figueira-do-inferno ou datura e um número considerável de outras plantas que têm sido catalogadas pelo professor Schultz de Harvard. Até mesmo algumas algas marinhas são consideradas plantas divinas. O cogumelo *psylicibin mexicana* é conhecido entre determinados nativos americanos como 'a carne de Deus'."[65]

A partir das pesquisas de Alan Watts, podemos inferir que as experiências psicodélicas ou de 'expansão da consciência" como o autor prefere chamar, estão fundadas em culturas primitivas, rituais e cerimônias do Extremo Oriente. A esses valores, a jovem cultura *hippie* e seu grande entusiasta, o professor Timothy Leary, acrescentaram o inconformismo social, a recusa ao modelo da sociedade de massa, o desejo de transformações, o natural fascínio do jovem pela transgressão e o caráter místico da religiosidade primitiva e oriental. Esta última, com algumas adaptações às condições da cultura ocidental urbana e às experiências psicodélicas dos jovens rebeldes do meio urbano-industrial.

Seja como for, uma coisa é certa: o misticismo, o desconhecido universo espiritual, a procura da harmonia universal ("faça amor, não faça a guerra") e o incrível fascínio do mundo psicodélico foram motivos determinantes para a aceitação e o crescimento do movimento *hippie* em todo o mundo. Ao contrário de outros teóricos, o professor Timothy Leary levou a sério, e às últimas

---

65. Watts, Alan. *Cultura da contracultura*. Rio de Janeiro: Fissus, 2002, p. 87.

A Cultura da Juventude

conseqüências, as relações entre a religiosidade e as experiências psicodélicas. Em face da sua liderança, dos conhecimentos teóricos sobre misticismo, religiosidade e psicodélicos, ele tornar-se-ia uma espécie de mestre da vida interior e líder espiritual de toda a massa de adolescentes e universitários adeptos da cultura *hippie*. Sua força entre a juventude e as convicções pessoais o levaram a interromper sua carreira acadêmica. Em 1963, ele seria expulso da Universidade de Harvard sob a alegação de insuflar os estudantes contra as autoridades acadêmicas e, ao mesmo tempo, estimular entre a juventude o consumo de drogas. Ele acreditava nesse movimento e, por isso mesmo, recebeu sérias críticas de seus colegas, por exacerbar em suas crenças e convicções. E mais do que isso, foi acusado pelo governo americano, entre outras coisas, de estimular a juventude contestadora a consumir LSD.

Em suas conferências ao ar livre, nas praças públicas e parques, o professor Timothy Leary falava aos seus ouvintes da estreita relação entre o psicodélico e a religião. Com ou sem este teórico do movimento *hippie*, mais tarde ou mais cedo, a juventude chegaria aos produtos psicodélicos. No entanto, de fato, foi ele quem realmente antecipou esse contato ao associar os alucinógenos à religião. E este argumento sensibilizava os jovens. Não podemos esquecer, por exemplo, que todo o "estilo *hippie* de viver" era (mas ainda hoje é assim) baseado justamente no misticismo, na religiosidade, na harmonia e nas experiências psicodélicas para a "expansão da consciência" (a expressão é do professor Alan Watts) e melhor compreensão do mundo. O professor Thimoty Leary acreditava profundamente nesses valores que alicerçaram a cultura *hippie*. E como ele, toda uma multidão de jovens em diversas partes do mundo.

Ao comparar a juventude dos anos 20 com a geração da cultura *hippie*, o sociólogo Theodore Roszak faz um áspero comentário acerca de Timothy Leary e suas relações com aqueles jovens. Vejamos que ele diz: "para os jovens contemporâneos, entretanto, a droga reveste-se do carisma de uma sabedoria esotérica,

A juventude da cultura psicodélica

e eles a defendem com fervor religioso. O que Leary lhes ensinou foi que usar tóxico não é uma traquinada juvenil; é o rito sagrado de uma nova era. Eles sabem, embora vagamente, que em algum ponto por trás da experiência proibida jazem ricas e exóticas tradições religiosas, poderes ocultos, salvação – que, naturalmente, a sociedade adulta não consegue compreender e, na verdade, teme."[66]

Apologeta das drogas psicodélicas, o professor Timothy Leary acreditava que a viagem do LSD seria a redenção da juventude, a salvação e a libertação oferecidas por uma divindade suprema. Em outros termos, algo assim, como se chegar ao verdadeiro estágio do nirvana, isto é, onde se possa alcançar a verdadeira paz e a plenitude, através da perpétua quietude e da sabedoria. De fato, pelo menos em um aspecto, o professor Leary tem razão. De uma forma ou de outra e cada uma em seu estilo preceitos e convicções, todas as religiões do mundo desejam levar seus adeptos ao mais pleno estado de consciência, paz e quietude, pelo menos como proposta apresentada aos seus fiéis. Se se alcança esse objetivo é uma outra questão. Os estudiosos de Sociologia da Religião, cada vez mais céticos, têm se dedicado muito a esse tema, que passa por uma relação de troca financeira bastante complexa.

O que se deve colocar aqui não passa, necessariamente, por uma contestação às palavras do professor Leary. É preciso saber, isto sim, em que consiste, verdadeiramente, este estado de consciência ou, ainda, como diz o professor Alan Watts, a "expansão da consciência", quando fala dos efeitos psicodélicos de determinados tipos de chás, alguns deles usados por monges budistas em suas meditações.[67] É oportuno lembrar, aqui, que o promissor conceito de consciência, paz e quietude no universo da cultura *hippie* vai ao encontro do que preconizava o professor

---

66. Roszak, Theodore. Op. cit. p. 171.

67. O livro do professor Alan Watts, *Cultura da contracultura* citado anteriormente, é especialmente importante para compreendermos as diversas experiências do homem com folhas de chás, ervas, cogumelos, bebidas, elixires e religiões. Trata-se de um trabalho importante para entendermos como a contracultura influenciou a vida espiritual, artística e cotidiana da geração dos anos 60.

A Cultura da Juventude

Timothy Leary. Ao mesmo tempo era assim que se manifestava, de modo marcante e evidente, todo o espírito de contestação da juventude *hippie* dos anos 60. Vivíamos, portanto, o grande e romântico momento da recusa pacífica à violência, à guerra, à corrupção, a todas as coisas abjetas produzidas pela sociedade capitalista, pelo poder, pelo consumo exacerbado, enfim, por tudo aquilo que integra a permanente concorrência entre as pessoas em sua sobrevivência no cotidiano. É como se vivêssemos a grande diáspora do bem, da felicidade e a prevalência do mal. E, o mais irônico em tudo isso, é que prevalecia nas Universidades e entre os jovens mais intelectualizados o auge dos estudos sobre a teoria marxista para uma sociedade mais justa. Reporto-me àquela vertente da contracultura mais voltada para as questões sociopolíticas.

Para esse grupo de jovens, as teorias do professor Leary baseadas nas drogas psicodélicas e na religiosidade mística, não tinham a consistência necessária para contribuir na transformação estrutural da sociedade. Isto implicaria a substituição do próprio sistema político, isto é, implantar o que a teoria marxista denominava de sociedade sem classes. Os ensinamentos de Leary careciam de uma "práxis" política mais objetiva e, nesse aspecto, o marxismo apresentava todas as formas e caminhos possíveis, inclusive com exemplos práticos na História. São os casos de Cuba, China, ex-URSS – União das Repúblicas Socialistas Soviéticas e parte da Europa Oriental. Ao mesmo tempo, para esses jovens que não tinham identidade com o estilo de vida *hippie*, as drogas psicodélicas não serviam como instrumento político e não traziam nenhum ensinamento revolucionário.

Por outro lado, propiciavam momentos de êxtase, leveza, enlevo e felicidade. O que esta vertente dos jovens da contracultura não aceitava no conceito de "estado de consciência" preconizado por Leary, é que ele estava voltado para as tradições religiosas, poderes ocultos e para a idéia de uma religiosidade mística. Não desejo fazer qualquer apreciação valorativa, mas a recusa dos

A juventude da cultura psicodélica

jovens a esse conceito de estado de consciência tem a ver com as críticas de Karl Marx, quando escreve sobre a crença e a religião. Sua conhecida frase, "a religiosidade é o ópio do povo", está do lado oposto ao conceito de estado de consciência preconizado pelo professor Leary.

Se uma parte dos jovens da contracultura (os universitários mais intelectualizados) acreditava no princípio da "consciência de classe" quase como devoção, o segmento *hippie* deste mesmo movimento contemplava as experiências psicodélicas e a religiosidade mística como a verdadeira revolução espiritual, capaz de propiciar o encontro definitivo entre a cultura jovem e o nirvana. Por acreditar na "revolução psicodélica" e no advento de uma nova consciência, é que o professor Leary tornou-se, nessa época, o grande apologeta e guru de parte daqueles jovens interessados nas experiências psicodélicas. Seu ponto de partida, com efeito, tinha certa lógica. Dizia ele que, se mudarmos nossa consciência, mudaremos o mundo. E nosso aprimoramento mental e espiritual só seria possível ocorrer pelo uso da maconha, do LSD, de sintéticos químicos, o que nos libertaria do estado amorfo em que vivemos no nosso cotidiano. Não sem motivos, portanto, o professor Leary defendia rigorosamente o consumo universal de alucinógenos e a livre sexualidade, ilimitada e sem qualquer tipo de censura ou mesmo repressão, por parte do indivíduo, da sociedade ou do Estado. Assim e de acordo com sua proposições, poderíamos mudar o mundo para muito melhor.

O resultado dessas propostas já se conhece. Aconteceu nos anos 60 e 70, mas as teorias libertárias do professor Leary ainda sobrevivem em pequenas comunidades em todo o mundo. Evidentemente, que não mais com a utópica e sonhadora pretensão de mudar a sociedade e sua cultura, mas pelo simples desejo de conviver com o universo *underground* e dar-se às experiências psicodélicas e comportamentais propostas por Leary. Não há mais espaço para utopias dessa magnitude e tão simpáticas, a ponto de ter fascinado jovens em tantas outras partes do mundo.

A Cultura da Juventude

Os acontecimentos da nossa contemporaneidade nos mostram que, nos últimos quarenta anos e mais especialmente da segunda metade dos anos 60 para cá, o pragmatismo e a volúpia de conquista por todos os valores recusados pela teoria da experiência psicodélica ainda permanecem como o grande esteio do sistema capitalista. A sociedade de massa sofisticou-se, a tecnologia das comunicações e da informação deixaram o mundo menor mas, nem por isso, mais unido e mais humano. Ao contrário, alguns fragmentos explosivos recrudesceram e podem detonar a discórdia e a violência a qualquer momento. Aliás, isso tem acontecido sistematicamente. É o caso, por exemplo, das insuperáveis divergências entre árabes e judeus. Que se pense ainda em países como o Iraque, que luta por sua autodeterminação contra a invasão dos Estados Unidos em seu território, no Afeganistão, Irã, Coréia do Norte, entre outros. Portanto, claro, com este quadro político internacional tão mais tenso e perigoso do que na própria época da "guerra fria", certamente a utopia jovem dos anos 60 e 70, a cultura *hippie* do "paz e amor", do "faça amor, não faça a guerra" de outras mensagens de apelo à harmonia, embora realmente nos faça falta, poderiam resultar irrelevantes. Ou não, mas como saber?

De qualquer modo, o fato é que o professor Timothy Leary, o mais conhecido e importante artífice do movimento da contracultura, e seus jovens seguidores deixaram sua contribuição para melhor se discutir a cultura da juventude, especialmente nos anos 60 e 70. Não se trata aqui de discutir se erraram ou acertaram em suas ações. Isso é uma decorrência natural. Aos estudiosos e pesquisadores do tema cabe apenas apresentar sua análises e resultados. De minha parte, confesso-me dividido. Posso dizer que aquele segmento de estudantes e intelectuais cuja luta política reivindicava a transformação da sociedade, mais participação nas decisões do Estado, mais igualdade social, respeito aos direitos das minorias, aos direitos civis, entre outras coisas, é evidente que merece e deve receber o apoio de todos nós. Afinal, o que se almejava era o aprimoramento da democracia e da sociedade.

E para se chegar a este objetivo, a alternativa encontrada por aqueles jovens e parte de seus mestres era mesmo questionar o *establishment*. Mexer com os tecnocratas do poder, acordá-los do torpor, da inércia moral e sacudir as estruturas da sociedade, como fez a juventude francesa em maio de 1968. Quanto ao movimento psicodélico, se assim podemos chamar, é preciso interpretar com cautela o estilo *hippie* de ser. É louvável, e digna de todo o apoio e solidariedade, a proposta das relações humanas baseadas na não-violência, na "paz e amor", "faça amor, não faça a guerra" e outros *slogans* igualmente bem intencionados. Se aos olhos dos movimentos engajados, este comportamento significava uma atitude política (o próprio Leary foi criticado diversas vezes por estimular a inércia política dos *hippies*) é preciso refletir melhor, com mais calma e prudência.

É provável mesmo que os *hippies* tivessem um baixo nível de politização, se pensarmos nesta expressão como algo que pressupõe bom conhecimento teórico e prático, do que sejam os sistemas econômicos e políticos como o capitalismo, o socialismo, etc. É provável ainda que, pelo seu estilo "paz e amor" e de não violência, fossem mesmo contra seus colegas que desejavam tomar o poder pela luta armada, pela formação de barricadas, lançamentos de coquetéis molotov contra as forças repressoras do Estado, entre tantos outros artifícios e instrumentos usados nos confrontos de rua. Ora, mas isso não significa nem é sinônimo de politização. Mostra apenas que havia uma parte daquela juventude decidida a tomar o poder, ainda que à força, usando de estratégias violentas em certos momentos, por acreditar que poderia fazer justiça social. Foi precisamente isso o que ocorreu em diversas partes do mundo e no Brasil não foi diferente. Falaremos sobre nosso caso, mais adiante. Portanto, se, de um lado, ser politizado não significa ser violento, de outra parte, ser "paz e amor" não é sinônimo de despolitização. É apenas uma forma diferente do agressivo ativismo político radical de outra parcela da juventude.

A Cultura da Juventude

O que os verdadeiros *hippies* desejavam (não os oportunistas e aproveitadores infiltrados nesse movimento) para a sociedade era a paz, a harmonia e a fraternidade entre os povos. Ou seja, uma utopia muito próxima àquela de seus colegas que queriam tomar o poder do Estado das mãos dos tecnocratas indolentes, para fazer justiça social. Certamente o grande equívoco desta época foi mesmo a supervalorização dos alucinógenos, da "revolução psicodélica", como desejava o professor Thimoty Leary.[68] É difícil aceitar sua tese da universalização do uso de tóxicos, como forma e instrumento para mudar o mundo. Não se trata de qualquer princípio moral-conservador. Trata-se, evidentemente, de um problema de saúde pública.

Todas as pesquisas científicas sobre a ingerência de psicotrópicos, barbitúricos ou qualquer sintético químico que ajam sobre o psiquismo sem controle médico pode ser fatal instantaneamente, a curto ou a médio prazo. É de domínio público o grande número de internações em instituições psiquiátricas, de pessoas que fazem uso sistemático e descontrolado dessas drogas químicas. Em alguns casos, quando não morrem ou não se matam, ficam com sérias seqüelas que se manifestam a qualquer momento, por meio de estranhos comportamentos e distúrbios psicóticos. Como se dá hoje, na época da contracultura os jovens também morriam ou se tornavam psicóticos em suas experiências e aventuras psicodélicas. Sabe-se que são muitas as pessoas anônimas que morreram ou se mataram nessa "viagem alucinógena".

Algumas celebridades do mundo das artes, da cultura, da ciência, da política e da música, apenas para citar certas atividades, enveredaram por esse caminho e não voltaram mais. Os casos de Elvis Presley, Jimi Hendrix e Janis Joplin são muito conhecidos e emblemáticos, mas houve diversos outros. No Brasil, lembra-se

---

68. A obra do professor Timothy Leary sobre o significado do que ele chama de "revolução psicodélica" é bastante conhecida. Mas o livro *The politics of ecstasy*, Nova York, Putman, 1968, é especialmente esclarecedor sobre o tema.

A juventude da cultura psicodélica

sempre de Elis Regina e Raul Seixas, o nosso "maluco beleza". Mas há ainda pessoas que fizeram essa viagem alucinógena, voltaram, mas se tornaram sofredoras e dependentes dos sintéticos químicos. Muitos jovens *hippies* daquela geração terminaram seus dias intoxicados, internados em clínicas psiquiátricas, tentando retornar ao convívio da sociedade, Não conseguiram, morreram antes, como acontece hoje com outros jovens adolescentes e pessoas adultas.

Se, por um lado, não se pode responsabilizar a "revolução" da contracultura, pelo grande consumo de drogas na nossa contemporaneidade, de outra parte, é incontestável o fascínio que aquela geração exerce na juventude de hoje. Não quero entrar em juízo de valor, até porque não é o caso. Refiro-me às atitudes comportamentais, ao caráter libertário e à força de contestação dos jovens da contracultura. Quanto ao consumo de drogas psicodélicas, concordo com as palavras de Theodore Roszak. Para ele, a atração que os jovens têm pelos psicodélicos é tão grande e de tão forte empatia que, mesmo sem a presença do professor Thimoty Leary e de Ken Kesey, o criador do "teste do ácido", os jovens adolescentes *hippies* e universitários da contracultura teriam consumido tantas drogas quanto as que efetivamente consumiram. Roszak considera que o proselitismo do professor Leary e de Ken Kesey apenas antecipou o que se mostrava irreversível.

Assim, em face dos argumentos e fatos apresentados, é que devemos considerar o consumo sem controle de sintéticos químicos, barbitúricos e psicodélicos, um problema essencialmente cultural, mas também de saúde pública. A energia, o destemor e a avidez por novidades, por novos horizontes, lugares desconhecidos, enfim, esse espírito aventureiro aproxima muito o jovem do inusitado. A droga é este universo que ele ainda não conhece e, ao mesmo tempo, um desafio a instigá-lo a todo momento. Mas ele resolve enfrentá-lo com muita facilidade e quase sempre sem pensar em eventuais conseqüências. Há até certo prazer em enfrentar o perigo. Sua juventude lhe dá a sensação de ser todo poderoso, quase imortal. Nessas condições, torna-se clara a estreita identidade entre as drogas que desafiam os

A Cultura da Juventude

jovens e estes que a consomem porque aceitam o desafio. Devemos ainda considerar o seguinte: é no período da adolescência onde, psicologicamente, ele passa por seguidas situações de conflitos e persistentes esforços de auto-afirmação.

Nesse estágio, a absorção dos valores sociais não tem a mesma importância da idade adulta. É aqui também que nasce um pouco da sua compreensível rebeldia. Seus parâmetros não são os dos adultos e ele nem deseja que o sejam. Sua vontade é a de decidir por si só, o que fazer em sua vida a curto prazo. Não é isso o que quer a família. Ela tem um projeto a longo prazo, que absolutamente não interessa ao jovem adolescente, mas que pode angustiá-lo ainda mais, justamente por se sentir pressionado e por frustrar a expectativa dos pais. Seja como for, o fato é que, além desses aspectos, o professor Timothy Leary mostrou à juventude dos anos 60 o grande fascínio psicodélico, associado à religiosidade mística, com desdobramentos posteriores para a presença e a prática de diversas seitas e religiões orientais. Encontramos, aqui, dois fortes elementos (misticismo e alucinógenos) de intensa empatia com esses jovens, sempre ávidos por novidades.

Nessas condições e com o devido distanciamento que o tempo já permite a quem deseja estudar os acontecimentos e o significado da contracultura para nossa contemporaneidade (já se passaram 48 anos), devemos ser sensatos ao analisar a participação do professor Leary, o mais importante teórico desse movimento. Sua forte personalidade e liderança carismática, bem ao estilo do conceito weberiano, foram atributos fundamentais em todo esse processo. Se, por um lado, ele era realmente o maior entusiasta do consumo de todos os tipos de psicodélicos[69] e o fazia com plena convicção, como já vimos anteriormente, de outra parte, é preciso perceber que a juventude estava muito receptiva àquelas novidades.

---

69. A palavra "psicodélico" é usada por Theodore Roszak para designar os mais diversos tipos de psicotrópicos. Sejam eles artesanais ou de produção industrial. A escolha deste termo em substituição ao "alucinógeno", usado por Timothy Leary em seu ensaio *The molecular revolution*, tem um caráter mais geral e inclui todos os agentes psicotrópicos que nos levam a experiências visionárias, geralmente multicoloridas e acompanhadas de delírios alucinatórios.

A juventude da cultura psicodélica

Se as drogas, em si, não eram propriamente algo novo, a grande diversidade delas surgidas nessa época iria realmente fascinar os jovens pelo inusitado e a curiosidade de conhecê-las e experimentá-las. Em outros termos, apenas para lembrar a expressão usual naquela época, havia um "barato diferente" a ser "curtido". Além disso, é claro, não se poderia subestimar a importância da religiosidade mística tão enfatizada pelo professor Leary. Todos os seus trabalhos escritos sobre drogas e religiosidade tinham o claro objetivo de mostrar o seguinte: só a combinação de valores e de forças energéticas entre os jovens, os psicodélicos e a religiosidade poderia realmente mudar o mundo e o curso da história.

Portanto, pelo que vimos até aqui, havia uma predisposição da juventude para as experiências alucinógenas nos tempos da contracultura. Até porque, é bom lembrar, este movimento nasce precisamente da manifestação dos jovens como recusa e oposição à ordem estabelecida. As normas de condutas e comportamentos do velho *establishment* seriam seriamente questionadas em suas estruturas. A incessante busca da liberdade pela juventude daquela época encontrava ressonância nas drogas psicodélicas, alucinógenas ou qualquer outro termo que se queira usar. Se ela encontrou o que procurava, aí então já é uma outra questão. A forma e os meios como protestava ao recusar os velhos valores da sociedade conservadora podem não ter sido os mais acertados, no entanto, essa mesma juventude não se omitiu das responsabilidades a que se atribuiu de querer revolucionar o mundo. Hoje, passados 48 anos, com o olhar da nossa contemporaneidade e a distância criada pelo tempo, podemos falar com mais segurança de que realmente foi uma utopia. Naquela época, não. Todos acreditavam e o sonho estava apenas em seu prelúdio. A rebeldia social, a rejeição ao consumo exacerbado e à sociedade de massa, o uso livre da maconha, do LSD e de outras drogas, a liberdade sexual que pressupunha a aceitação social da homossexualidade, a simples troca de parceiros ou até mesmo o sexo grupal, tudo isso poderia ser factível na cabeça dos jovens.

A Cultura da Juventude

A bem da verdade, é provável que a grande utopia (ou até mesmo ousadia) da juventude da contracultura tenha sido mesmo a tentativa de tornar socialmente aceitas essas e outras práticas inteiramente fora dos padrões e do comportamento social estabelecido pelas normas sociais vigentes. Até porque, de uma forma ou de outra, elas sempre existiram, mas sem a anuência oficial da sociedade. Na Inglaterra vitoriana, por exemplo, a morfina e outros alucinógenos laudanizados à base de ópio e outros componentes, eram consumidos com regularidade por figuras proeminentes como Charles Dickens, Elizabeth Barret Browning, o poeta Tennyson, entre outros. Nem por isso se tem notícias de punição a essas figuras públicas. Certamente porque apenas consumiam esses alucinógenos, mas não pregavam a revolução de hábitos, normas e costumes. Não desejavam a emergência de um novo *ethos* cultural, como preconizavam os jovens da contracultura. Contemporaneamente, também, o uso social da droga vem aumentando em proporção até superior a que o Estado procura e consegue coibir. No Brasil, só recentemente, em 2006, o presidente da República sancionou uma lei diferenciando as ações do traficante e do consumidor de drogas.[70]

Se nos tempos da contracultura o aparecimento e o consumo de novas drogas estavam especialmente associados à juventude, hoje sabe-se que não é mais assim.temos um público indiferenciado, mas de difícil identificação. Pouquíssimas pessoas, deliberadamente e em sã consciência, darão entrevistas se declarando consumidoras de drogas. A tendência é se esquivarem de perguntas dessa natureza. Até porque sua resposta honesta, confirmando ser usuário de drogas, teria desdobramentos danosos nos planos pessoal, social e certamente profissional. Mas, mesmo assim, apesar de não termos pesquisas e estatísticas que comprovem, sabe-se que a grande quantidade de narcóticos e a distribuição mundial dessa produção só mostram que o seu uso social, embora clandestino e ilegal, tem

---

70. Trata-se da lei federal nº 3256 de 09.10.06.

aumentado sempre. Jovens, senhores de respeitável comportamento e imagem, profissionais liberais das mais diversas áreas, empresários, políticos, médicos, professores, juristas e homens da lei em seus diversos escalões, usam ou já usaram narcóticos. Os *media* internacionais noticiam isso quase diariamente. E, nesse caso, não se trata, de forma alguma, de rebeldia social e comportamental da juventude. Trata-se, isto sim, de encontrar nesses alucinógenos o mesmo relaxante psicológico de outros sintéticos químicos como o *diempax, prosac* e tantos outros.

Há algumas diferenças e identidades entre eles. Psicotrópicos químicos como a cocaína, heroína, LSD e láudano são consumidos ilegal e clandestinamente e, portanto, não há controle médico sobre eles. Isso os diferencia de outros psicotrópicos como o *prosac, diempax* e outros, cujo objetivo é agir na psique, isto é, na estrutura mental ou psíquica do homem, como tranqüilizantes, antidepressivos, etc. A identidade entre eles, porém, está no fato de todos alterarem o comportamento por um determinado tempo, camuflando um problema maior que poderá, ou não, ser resolvido com psicotrópicos. É possível que a medicina possa mostrar outras diferenças, mas a maior ou uma das maiores distinções está na legalização de um e na ilegalidade de outro. De concreto mesmo, sabemos que ambos agridem a integridade do nosso corpo, a começar justamente pelo órgão que comanda todas as nossas ações: o cérebro. Tanto é assim, que o legal tem controle médico e o ilegal, por motivos óbvios, não tem. Consumir, ou não, fica a critério do bom senso de cada usuário.

E aqui a máxima popular acerta mais uma vez. Não podemos "tapar o sol com a peneira". Hoje não existe mais o movimento da contracultura, o desejo dos *hippies* em realizar a "revolução psicodélica" e, no entanto, a produção de psicotrópicos, ácidos, alucinógenos e até cogumelos (especialmente do excremento do gado bovino) é muitas vezes maior do que nos anos 60. A produção em alta escala industrial nos mostra que hoje a juventude é apenas um dos segmentos do fantástico consumo de cocaína, diamba,

LSD, Ecstasy, cogumelos e tantas outras drogas. Umas menos, outras mais agressivas como, por exemplo, o *crack*, droga barata e de alta concentração de toxicidade. A verdade é que não se pode mais esconder o seguinte: consome-se hoje uma grande quantidade de narcóticos, muito embora com discrição e cautela, porque são produtos considerados ilegais.

A faixa etária é que é indiferenciada, abrangendo uma magnitude ainda desconhecida e que deverá permanecer assim por algum tempo indeterminado. No Brasil, por exemplo, todas as tentativas de se elaborar políticas públicas para diminuir o consumo de drogas entre a juventude, principalmente, resultaram ineficientes. Como já disse anteriormente, pouquíssimas pessoas estariam dispostas a responder ao pesquisador sobre as drogas que consomem e com que freqüência o fazem.

Em 1967, o professor Timothy Leary, em entrevista à emissora BBC, declarava o seguinte sobre o consumo de drogas: "daqui a quinze anos nossa Corte Suprema estará fumando maconha. É inevitável, porque os estudantes de nossas melhores universidades estão fazendo isso agora." Bem, à parte um possível exagero de Leary, o fato é que pelo menos, em um aspecto, o tempo lhe daria razão. Realmente, os jovens não apenas das melhores universidades, mas de todas elas, continuam se drogando, mas com uma diferença extremamente preocupante: o leque de opções dos alucinógenos aumentou perigosamente, desde suas previsões até nossos dias. A essa altura, a maconha está entre as drogas menos agressivas ao organismo se comparada, por exemplo, com o *crack* e outros sintéticos químicos contemporâneos, dos quais Leary não pôde saber da sua existência. Mas não é só isso. Em que pese a inexistência de estatísticas que possam nos informar, sabe-se que boa parte da juventude universitária, ou não, usa psicotrópicos com regularidade. Em alguns casos, essas drogas são associadas ao álcool (cerveja, vinho, whisky, vodca, cachaça, etc.) e tornam-se uma combinação de alto risco, com efeitos e conseqüências imprevisíveis.

A juventude da cultura psicodélica

O jornalista e teatrólogo Luiz Carlos Maciel, profundo conhecedor e participante ativo do movimento da contracultura, trata desta questão de forma muito clara e precisa. A citação que retirei do seu trabalho é longa, mas muito esclarecedora. Vejamos: "quando um e outras se combinam, levando a resultados desastrosos, à delegacia de polícia, ao hospital e ao necrotério, geralmente a culpa é atribuída a essas drogas, e o álcool é escandalosamente inocentado. A mistura de qualquer droga com bebida é, como se sabe, explosivamente perigosa – seja maconha com álcool, cocaína com álcool, LSD com álcool, etc. Os efeitos são imprevisíveis e invariavelmente lamentáveis.... A verdade farmacológica e psicológica é que nenhuma dessas drogas enlouquece tanto quanto o álcool – e a própria mistura delas não será tão perturbadora se não houver álcool no meio. Na absoluta maioria dos casos em que mistura de drogas conduziu a episódios violentos, psicóticos, trágicos ou monstruosos, ela sempre incluía o álcool."[71]

Pois bem, se tivermos que citar os principais símbolos que lembrem a contracultura dos anos 60, o estilo de vida *hippie* e toda a experiência vivida por aquela geração, certamente teríamos muitas dificuldades em fazê-lo. Foi um período de grande profusão de idéias inovadoras entre a juventude, de renovação comportamental na sociedade, de enfrentamento ao Estado, de luta política contra a injustiça social, de interpretação das teses revolucionárias do marxismo, da tentativa de torná-las em *práxis* política, da libertação do corpo (antes propriedade da família), da revolução sexual, do enfrentamento às neuroses (ainda que empiricamente) do meio urbano-industrial, do universo psicodélico, do misticismo religioso (especialmente das religiões orientais), entre tantas outras coisas. Era isso o que queriam os jovens dos anos 60. Eles desejavam a transformação social e o devir de uma nova consciência.

E o principal líder desse movimento, o professor Timothy Leary, com sua teoria da "expansão da consciência", acenava com essa possibilidade.

---

71. Maciel, Luiz Carlos. *As quatro estações*. Rio de Janeiro: Record, 2001, p. 173 e 174.

Deve-se registrar, ainda, as relevantes contribuições do ex-ministro episcopal e professor Alan Watts. Seus conhecidos estudos acerca das doutrinas orientais, como o *Zen*, foram de grande importância para os jovens da contracultura. Além disso, suas convicções sobre espiritualidade o transformaram em prestigioso conferencista da juventude universitária, tanto nos Estados Unidos quanto na Europa. Grande parte da sua obra foi mesmo dedicada aos estudos da doutrina *Zen*, mas é no livro intitulado, *Cultura da Contracultura*, que temos uma síntese bem aprimorada do seu pensamento sobre todo esse movimento. Watts faleceu no Estado da Califórnia em 1973.

Já a participação de Carlos Castañeda, antropólogo de profissão e feiticeiro por vocação, consistiu, entre outras coisas, na discussão das plantas alucinógenas e de todo um conteúdo doutrinário à procura de uma nova visão de mundo e da evolução espiritual. Suas concepções, na verdade, faziam uma síntese conciliadora entre o que preconizavam as teorias de Timothy Leary e as de Alan Watts. Interpretando a obra de Castañeda, Luiz Carlos Maciel acrescenta que o fundamento da sua doutrina é o "fenômeno da consciência, o fato de que somos seres perceptivos e de que sabemos o que somos."[72] Seu doutorado em antropologia na Universidade da Califórnia, intitulado *The Teachings of Don Juan* (A Erva do Diabo) em 1969, orientou a linha temática para outros dois livros seus como *A Separate Reality* (Uma Estranha Realidade) e *Journey a Ixtlan* (Viagem a Ixtlan).

Trata-se de uma trilogia cujo objetivo era levar os "ensinamentos", não apenas de uma nova visão de mundo, como também para uma forma mais apurada de pensar sobre a existência humana. Apenas para melhor situar o trabalho de Castañeda, quero registrar que sua trilogia se fundamenta nos ensinamentos e experiências com Don Juan, um feiticeiro da tribo de indígenas

---

72. Maciel, Luiz Carlos. Op. cit. p. 180.

A juventude da cultura psicodélica

Yaqui, com quem mantinha relações desde 1961, aprendendo inclusive o "ofício de feiticeiro". Estou falando, portanto, de um doutor em Antropologia e feiticeiro. Na introdução do livro, *A Viagem de Ixtlan*, Castañeda relata suas experiências durante o aprendizado com Don Juan Matus.

Reportando-se aos seus dois livros anteriores, ele nos diz o seguinte: "Já apresentei o caso do meu aprendizado em duas obras anteriores: *A Erva do Diabo* e *Uma Estranha Realidade*.

Minha suposição básica em ambos os livros foi que os pontos de articulação na aprendizagem de ser feiticeiro eram os estados de realidade não comum provocados pela ingestão de plantas psicotrópicas.

Nesse ponto, Don Juan era um especialista no uso de três dessas plantas: *Datura inoxiá*, conhecida comumente como estramônico; *Lophophora Williamsii*, conhecida como *peiote*; e um cogumelo alucinógeno do gênero *psilocybe*.

Minha percepção do mundo pelos efeitos desses psicotrópicos fora tão bizarra e impressionante que fui forçado a supor que aqueles estados eram os únicos meios de me comunicar e aprender aquilo que Don Juan estava querendo ensinar-me".[73]

Logo em seguida, Castaneda reconhece que sua suposição estava errada e passa a explicar os motivos do seu equívoco. Se, de uma parte, a obra deste autor recebeu a consagração pública (*A Erva do Diabo* tornou-se um *best-seller* mundial), com traduções em diversos idiomas, por outro lado, o universo acadêmico não recebeu bem o seu trabalho. Houve um sério arrefecimento nas relações de Castañeda com alguns de seus colegas da Universidade. Suas pesquisas empíricas foram seriamente questionadas. Seu prestígio acadêmico ficaria fortemente abalado pela descrença de seus pares universitários.

---

73. Castañeda, Carlos. *Viagem a Ixtlan*. Rio de Janeiro: Record, 1972, p. 7.

A Cultura da Juventude

Como registrou Luiz Carlos Maciel, "Castañeda é acusado de 'impostor' por ter pretendido passar mera ficção, produto de sua imaginação, por relato verídico, reportagem e estudo científico. Alguns críticos norte-americanos ficaram logo muito preocupados com isso. Contudo, apesar de terem escrito livros inteiros – como *The Journey of Castaneda*, de Richard De Mille – para mostrar a alegada farsa, o próprio Castañeda continua a insistir vigorosamente na veracidade de sua narrativa."[74]

Em todo esse processo, nada disso, porém impediu que Castañeda se tornasse um dos grandes ícones da juventude nos anos da contracultura. Como Alan Watts, ele também foi um dos principais estudiosos das substâncias psicodélicas, dos produtos químicos derivados das plantas consideradas divinas e seus respectivos efeitos na "expansão da consciência", como dizia o professor Timothy Leary.

---

74. Maciel, Luiz Carlos. Op. cit. p. 179 e 180.

VIII

A contracultura e o *rock'n'roll*

No universo da música *pop*, a contracultura foi muito bem acolhida. Aliás, melhor dizendo, foi parte integrante fundamental. De certo modo, a adesão dos grandes astros do *rock'n'roll* a este movimento, nessa época, tem algo a ver com a "explosão" deste ritmo nos anos 50 mas, evidentemente, em outro contexto sociopolítico e cultural. Além disso, como já registramos anteriormente, não podemos nos esquecer do surgimento dos *beatniks* e da visão antiintelectualista que tão bem os caracterizava. A rebeldia marginal, a despolitização da sociedade, a indiferença ao Estado, enfim, todo aquele clima dos bairros boêmios em São Francisco, onde surgiria a poesia *beat*.

Allen Ginsberg, Carl Solomon, William Burroughs e Jack Kerouac são os nomes mais lembrados da chamada *beat generation*. O grande desejo dessa geração era mesmo a liberdade. O seu comportamento rebelde reivindicava justamente a autonomia e a autodeterminação, que a força repressora da instituição familiar conservadora relutava em manter sob seu controle. Além disso, é preciso lembrar que esta geração lançou toda a base e o estilo comportamental absorvido e reproduzido muito bem por todos os jovens contestadores da contracultura dos anos 60 e 70. É evidente que uma coisa é ser rebelde nos anos 50, outra coisa é ter esse mesmo comportamento social dez ou quinze anos depois.

A contracultura e o *rock'n'roll*

Os pioneiros dessa rebeldia abririam caminho para as gerações futuras e, de certa forma, debilitaria a força repressora da família e de outras instituições controladoras do comportamento social da juventude. É assim que, além da própria rebeldia nos anos 60, vamos ver que o movimento da contracultura traz consigo toda a força da contestação, ainda inexistente nos anos 50. Este, sim, é o grande elemento diferencial entre essas duas gerações. Nos anos 60, a política, a economia, a cultura e a sociedade em sua totalidade eram questionadas. Aliás, mais do que isso. Os velhos modelos eram rechaçados.

Por esses motivos é que não se pode concordar com o estigma que se criou sobre aquela geração de James Dean, Marlon Brando, Jerry Lee Lewis, Chuck Berry, Little Richard, Buddy Holly e um pouco depois, o revolucionário Elvis Presley. Eles não eram "rebeldes sem causa". A mais nobre das causas era justamente o que eles defendiam: a liberdade de ação e de comportamento.

Peguemos o exemplo do *rock'n'roll*. Este ritmo foi fundamental no universo da contracultura. A reivindicação da juventude pela liberdade sexual encontrou um forte aliado, não só nas mais variadas experiências psicodélicas, mas também na sensualidade sedutora dos movimentos corporais do *rock'n'roll*. É inimaginável que após um show, uma festa, ou até mesmo uma "balada"[75] de *rock'n'roll*, cada jovem tome o rumo da sua casa. Isso pode acontecer, é claro, mas é natural também, que eles procurem mutuamente satisfazer sua libido, uma vez que ela é a fonte da excitação sexual, juntamente com a sensual coreografia, quase erótica do *rock'n'roll*. Em nossos dias, pelo menos no meio urbano-industrial, a relação sexual entre os jovens namorados ou não, tornou-se uma prática corriqueira, apesar do advento da *AIDS*.

---

75. A expressão "balada" ainda não consta do dicionário e pode nem vir a constar. Entre os jovens, porém, significa participar de uma noitada em qualquer lugar, sem tempo para começar e terminar. Pode-se dizer, um sinônimo das palavras, farra e gandaia.

A Cultura da Juventude

Arriscaria mesmo a dizer que é quase como algo inerente ao *ethos* cultural da juventude em nossa contemporaneidade. Há uma grande diferença entre os jovens atuais e as gerações anteriores no que diz respeito à sexualidade. O beijo, o abraço e a bolinagem sem a concretização do ato sexual já não têm mais razão de ser. Quero lembrar, no entanto, que a sensualidade coreográfica do *rock'n'roll*, quase erótica, surge ainda nos anos 50, quando Bill Haley apresenta ao mundo a música *Rock Around the Clock*, composta por Freedman e Del Knight.

Nesse momento, previa a coreografia: além da grande variedade de passos, gestos meigos e graciosos, requebros e meneios, havia ainda duas situações muito sensuais entre o casal. Na primeira, a parceira passava sob as pernas do seu par. Na segunda, ele lançava o corpo da garota no ar, para depois, ela mesma envolvê-lo com suas pernas abertas, na altura da cintura. Como a calça comprida ainda não era usual entre as mulheres, podemos dizer que realmente, nesse momento, estamos presenciando o início de uma verdadeira revolução comportamental e sexual. A sociedade americana ficou chocada com a exibição pública das primeiras calcinhas daquelas jovens até então bem comportadas. Sofreria sério abalo o puritanismo radical e exacerbado de uma sociedade que, como tantas outras, tinha rígidos princípios morais para exercer o controle social da sua juventude e, por extensão, de toda a população. Logo depois, como já vimos, surgiria Elvis Presley para consolidar o erotismo coreográfico do *rock'n'roll*.

Pois bem, este ritmo e todo o movimento da contracultura nos anos 60 se misturam de tal forma que, no decorrer do tempo, se tornariam inseparáveis. Este foi também um momento de grande profusão do *rock'n'roll* em todo o mundo. É tão grande o numero de conjuntos, compositores e cantores, que não poderíamos falar sobre todos eles. Bob Dylan, The Beatles, Joan Baez, Jimmy Hendrix, Joe Cocker e os Rolling Stones são figuras estelares não só da contracultura nos anos 60 e 70, mas também do universo midiático da época, como os grandes festivais de Newport em

1963 e de Woodstock em 1969. Assim, o destaque a ser dado fica mesmo para Bob Dylan e The Beatles. Entre os mais importantes, se é que assim podemos dizer, eles foram fundamentais para as transformações ocorridas nos anos 60 e 70. Entre tantos conjuntos e intérpretes ligados à contracultura, eles ganham certa evidência pelo significado da obra musical de cada um. Além disso, se reunirmos seus trabalhos veremos que, em conjunto ou individualmente, sua obra representou e ainda representa os valores e o significado da contracultura no mundo da música *pop*. Eles sintetizam, na verdade, uma espécie de revolução cultural musical dos anos 60, através do *rock'n'roll*.

Representantes da geração *Woodstock*.

IX

Bob Dylan e o sonho *hippie*

Começo por Robert Zimmermann, um dos mais talentosos e carismáticos intérpretes dessa época. Estou falando de Bob Dylan. Sua carreira está estreitamente ligada ao compositor Woody Guthrie, seu grande ídolo e mestre dos cantores *folk* norte-americanos nesse período. Em suas primeiras canções, baladas folclóricas bem ao estilo de Guthrie, Bob Dylan já esboçava em seu texto poético as primeiras críticas usando uma linguagem direta e de fácil assimilação por parte do público. A denúncia e a contestação tornar-se-iam uma constante em suas canções. Temas como as guerras, a hipocrisia dos políticos, os anticomunistas profissionais e a segregação racial faziam parte do seu elenco de temas apresentados ao público em forma de canção.

Desde 1960, aos 19 anos, até por volta de 1964, Bob Dylan sempre evocava o direito à liberdade e à transformação social. É significativo que, já nessa época, suas canções não se perdiam em generalidades. Ao contrário, o direito constitucional à cidadania era sempre uma das suas preocupações. Certa ocasião, um repórter especializado em *folk-music* perguntou sobre os motivos de suas canções tão contestadoras e reivindicativas. A resposta veio logo em seguida: "sou uma pessoa e me concederam os direitos humanos gerais, onde queira que eu esteja, neste país ou em outro lugar. Nunca deixarei de proclamar o que sinto e como há de ser, em minha opinião, a melhor maneira de viver. E digam o que quiser sobre mim, tudo quanto faço, canto e escrevo vem de mim."

Esta resposta nos dá uma idéia da personalidade de Bob Dylan. Nunca deixou se envolver em grupos, ou desempenhar um papel que não fosse do seu inteiro agrado. Mesmo entre seus colegas músicos era tido como uma pessoa leal, mas muito rigorosa e um pouco individualista. Ao contrário da grande maioria dos seus contemporâneos, nunca foi dado a realizar experimentos musicais extravagantes. Sua passagem da *folk-music* para a música *pop* não declinou a qualidade do seu trabalho. E mais do que isso, uniria o público de dois estilos musicais diferentes. Certamente que Dylan não era uma figura sempre simpática. Curioso é que seu próprio público mantinha um relacionamento *sui-generis* com ele. Se, por um lado, seu comportamento gerava polêmica em alguns momentos, de outra parte, seu prestígio de verdadeiro mito junto a esse mesmo público se consolidaria cada vez mais. Claro, isto pode parecer um contra-senso, mas não é. Quando a obra do artista é respeitada pelo público, mas ele, propriamente, tem uma personalidade polêmica, seus admiradores simplesmente desvinculam a criatura do seu criador. Com isso, mantêm toda a admiração pela criatura e algumas ou muitas ressalvas ao seu criador. Era isso, precisamente, o que acontecia e certamente ainda ocorre com Bob Dylan.

De qualquer modo, além do seu trabalho musical como cantor *folk* e posteriormente intérprete da música *pop*, deve-se considerar a força da sua personalidade. Não por acaso era visto como uma espécie de guru da comunidade *hippie* que o tinha como verdadeiro mito. No plano musical fez algumas incursões estéticas, quando de sua passagem do *folk* para o *rock'n'roll*. Foi o que aconteceu, por exemplo, com seu LP *Bringing it all Back Home*, lançado em março de 1965. Nesse trabalho, Bob Dylan se faz acompanhar por um conjunto, adaptando seu som ao *rock'n'roll*. Os discos posteriores já estavam cada vez mais voltados para esse estilo musical. Em seu álbum duplo intitulado *Blonde on Blonde* já vemos um *rock'n'roll* bem cristalizado com textos poéticos muito bem construídos.

Depois disso, vieram a ausência e o silêncio de Dylan, durante um ano e meio. É quando em 1968, ano emblemático para o movimento da contracultura, Dylan apresenta seu LP *John Wesley Harding*. Neste trabalho, *o rock'n'roll* cede espaço para um ritmo bem mais contido e até menos barulhento. A própria mensagem

A Cultura da Juventude

de suas canções já aparece mais comedida e interpretada de forma mais discreta. E, aqui, ele prescinde definitivamente das influências do estilo *country & western*, para se dedicar ao que chamaríamos de *folk-blues*, isto é, um tipo de hibridismo musical que funde a cultura musical interiorana americana com o *blues* do meio urbano-industrial.

O nome do álbum *John Wesley Harding* não é por acaso e já denota o caráter marginal e libertário que Dylan sempre empreendeu à sua vida e ao seu trabalho. *Harding* (a grafia correta é *Hardin*, mas Dylan acrescentou um *g*) é um personagem real, que viveu nos confins do oeste americano em uma colônia, à margem das normas sociais, ao lado de prostitutas, vagabundos, jogadores viciados, homens miseráveis e de vida errante. Em certo momento da canção aparece o seguinte texto: "aqui estamos todos, parados, ainda que todos estejamos empenhados em fazer o melhor que pudermos e não admitir nossa situação." Na verdade, Dylan se solidariza com o grupo de marginalizados. Ele interpreta esse estilo de vida de forma romântica e destaca a beleza e a liberdade da sua própria experiência durante os anos difíceis de muitas andanças. Era uma época em que seu trabalho musical tratava do individualismo como protesto social, seguido de canções de amor e posteriormente da temática místico-religiosa. Não por acaso, *Woody Guthrie* era seu grande ídolo. A maioria das suas canções foi feita com o "pé na estrada", isto é, bem ao estilo *easy rider*. Este comportamento fascinava não só a Bob Dylan, mas a toda aquela geração de jovens que, desde os anos 50, se rebelava à procura de liberdade. As canções de Guthrie sobre sua vida na estrada, convivendo a todo momento com o perigo, o imprevisível, o inusitado e a própria marginalidade, era o verdadeiro fascínio para a juventude da contracultura nos anos 60.

Ao mesmo tempo, todo esse estilo de vida à margem da civilização, das normas da sociedade de massa, mostrava à juventude que, para além do *establishment*, havia opção de vida, uma comunidade mais livre e independente das normas criadas pelo Estado. E mais do que isso, era um lugar aonde a tecnocracia não chegaria. Pois esta comunidade e este estilo de vida era o sonho de Dylan e de toda a sua geração que criaria as condições para o surgimento dos *hippies.*

Mas, quando Dylan lança, em março de 1962, o seu primeiro LP (aliás, levava o seu nome) com múica *folk* americana e alguns *blues*, a própria crítica especializada já perceberia que não se tratava apenas de mais um jovem intérprete e compositor. Sete meses depois, o conjunto *The Beatles* lançaria um compacto com a música *Love me Do*, seu primeiro sucesso. Um ano depois, em 1963, o segundo álbum intitulado *The Freewheelin' Bob Dylan*, já mostrava uma forte tendência para os rumos da contracultura.

É nesse momento que ele assume uma liderança quase natural entre os intérpretes da chamada *protest song*. Uma das faixas deste LP, a canção *Blowig in the Wind*, o aproximou muito da cantora Joan Baez, já bastante conhecida por sua militância política e ativa defensora dos direitos humanos. Assim é que, em agosto daquele mesmo ano, eles participariam da grande manifestação em Washington durante a "Marcha dos Direitos Civis", ao som de *Blowing in the Wind*. A militância de Dylan e Joan Baez chegaria ao prestigioso *Newport Folk Festival*, que reuniria o melhor da juventude *folk*, interessada em apresentar seu trabalho.

Solicitado pela grande imprensa a falar da sua obra musical, Bob Dylan nos dá a noção precisa do que pretendia e do seu papel de líder de uma juventude ávida por justiça. Diz ele: "minhas canções protestam contra a guerra, contra as bombas e os preconceitos raciais, contra o conformismo." Não menos enfática e segura de suas posições, a cantora Joan Baez afirmava o seguinte: "há coisas que me chocam profundamente: o assassinato de crianças por poeira radioativa ou o assassinato dos espíritos pela segregação racial. Gosto de cantar e não posso esquecer tudo isso quando canto." Mas é em 1964, quando a figura de Bob Dylan espontaneamente se converte em um tipo de porta-voz da juventude contestadora, que seu trabalho muda de direção.

A Cultura da Juventude

As questões políticas, sociais e de direitos humanos, entre outras, convergentes para essa mesma órbita, cederiam espaço para as relações amorosas e as revelações mítico-religiosas. Os protestos de seus fãs, claro, foram imediatos, mas resultaram inúteis. O fato é que, sem nenhum alarde ou concessões, este competente músico renovava seu trabalho a cada LP editado. Em *Another Side of Bob Dylan*, por exemplo, deste mesmo ano, aparece a canção *Mr. Tamborine Man* apresentada por ele no *Newport Folk Festival*. O tema aqui ganha uma conotação não propriamente existencialista, mas algo assim como o homem ser o construtor do seu próprio destino e artífice da liberdade. Agora as experiências psicodélicas passariam a permear a obra deste compositor. As "viagens" alucinógenas trazem os aplausos e a simpatia da comunidade *hippie* para o trabalho musical de Bob Dylan.

Dylan: o maior ídolo da cultura *hippie*.

No ano seguinte, portanto, em 1965, realiza novas experiências estético-musicais voltando ao *rock'n'roll*, mas desta vez misturando-o ao *folk*. O resultado deste trabalho foi o LP *Bringing it all Back Home*. A essa altura, a criatividade do compositor deixava boa parte do seu público na expectativa do que viria a seguir. No plano da militância política, esta questão ganhou até certo ar de dramaticidade. Isto porque aquele segmento mais radical e pouco inteligente da esquerda passaria a vê-lo de outra forma. É como se Dylan estivesse interessado tão-somente em ganhar dinheiro com seu trabalho musical. Não era isso, mas se fosse, seria uma atitude absolutamente natural. As constantes experiências estéticas mostraram que Dylan tinha grande interesse em renovar a qualidade do seu trabalho a todo momento. Alguns foram um pouco mais longe e passaram a tê-lo como traidor de toda a juventude que o acreditava contestador.

É preciso dizer, no entanto, que boa parte da crítica ao compositor era alimentada por uma grande parcela da imprensa. No fundo, Dylan estava, a todo momento, sendo julgado não pela qualidade estética do seu trabalho, mas por questões político-ideológicas. Tanto é assim, que a prestigiosa cantora Joan Baez se distanciaria de Dylan, pelo simples fato de ele retomar o *rock'n'roll* em suas experiências musicais. Baez, como tantos outros jovens mais intelectualizados do movimento contracultura, consideravam o *rock'n'roll* uma música alienante e feita para o consumo de massa. Na verdade, poderia até ser isso, mas com certeza era muito mais. Convicto de suas experiências estéticas, o compositor volta à cena musical (ele sofreu um acidente de motocicleta em 1966 e se afastaria por um ano e meio) em 1968, como já vimos, trazendo a novidade *folk-blues*. Não era o *rock'n'roll* para o consumo de massa, nem a *country music*, considerada o modelo perfeito da música reacionária que, de acordo com a visão da nova esquerda, representava e reproduzia os valores das classes dominantes. Tratava-se de mais um trabalho inovador e que posteriormente teria seus seguidores.

A Cultura da Juventude

Em síntese, este é o perfil de Bob Dylan. Criativo, irrequieto, renovador, polêmico, amado, mas não odiado. Um dos mais importantes ídolos dos tempos da contracultura, respeitado guru dos *hippies*, ativista preocupado com a justiça social. Ao lado dessas distinções, um músico e cantor-compositor de raro talento. Talvez a grande síntese do seu trabalho esteja mesmo no LP *Planet Waves*, lançado em 1974, portanto, já um pouco distante da efervescência do movimento da contracultura. Aqui, toda sua inventividade vem à tona. Ouvir este disco, é como se estivéssemos em um enorme cruzamento de grandes ruas e avenidas. Cada uma delas representaria diferentes fases do músico e, mesmo assim, outras ainda mostrariam o Bob Dylan (ou Robert Zimmermann) cidadão e político. Não de profissão, mas por convicção. E aqui reproduzo o texto do professor Carlos Alberto M. Pereira que, a meu ver, é quem melhor sintetiza a trajetória de Bob Dylan. Comentando o disco *Planet Waves*, ele diz o seguinte: "porém, mais importante do que o sucesso deste seu trabalho era o fato de ele evidenciar a extraordinária capacidade de Dylan no sentido de trabalhar simultaneamente com as diversas variantes contidas em sua criação musical. E, desta forma, *Planet Waves* fazia um pouco a ponte entre as várias facetas de sua controvertida trajetória artístico-musical: de arauto da nova esquerda a guru dos hippies, passando por fonte de indignação generalizada de todas as partes."[76]

Hoje, com 66 anos, Bob Dylan deu uma entrevista muito bem-humorada ao jornalista da revista *Rolling Stones*. Reportando-se aos anos 60, falou com a leveza e a sabedoria de quem soube realmente viver intensamente os tempos da contracultura: "você sabe, todos se vangloriam da década de 60. Parece até a época da guerra civil. Porém, você está falando com alguém que é o dono da década de 1960. Eu, alguma vez, quis possuir a década de 60? Não. Mas eu sou o dono dos anos 60 – quem se atreve a discutir comigo? Eu te dou os anos 60, se quiser. Pode ficar com eles."[77]

---

76. Pereira, Carlos Alberto M. Op. cit. p. 58.

77. Entrevista concedida ao jornalista Jonatham Lethem, revista *Rolling Stones*, nº 01, de outubro de 2006, p. 70.

X

A era The Beatles

Contemporâneos de Bob Dylan, foram Ringo Star, Paul McCartney, George Harrison e John Lennon. Os dois últimos já morreram. Harrison, de câncer e Lenon, brutalmente assassinado em 8 de dezembro de 1980 em Nova York, quando chegava ao edifício Dakota onde morava. O mais patético é que o assassino lhe havia pedido autógrafo uma hora antes. Os então quatro rapazes de Liverpool formariam o conjunto mais popular que se conhece na história do *rock'n'roll*. Não por acaso, os Beatles surgiram em Liverpool. Certa vez, o saxofonista, sociólogo e poeta Mike Evans disse que esta cidade era a Nova Orleans européia.

Uma alusão evidente à cidade norte-americana do *jazz*. A comparação procede. A cidade de Liverpool sempre viveu grande efervescência musical, especialmente a partir dos anos 50. Talvez seja ainda o caso de lembrar que, nesta cidade e nessa época, teria início todo o desenvolvimento da cultura *beat*, nos mesmos moldes do que ocorreria também em São Francisco da Califórnia, como vimos anteriormente. A única diferença, provavelmente, está no seguinte: a cultura *beat* da cidade inglesa, estava bem mais concentrada na música estridente, no *rock'n'roll* dos bares periféricos da cidade e alguns em menor quantidade na região central. No livro de Rolf-Ulrich Kaiser, há uma síntese retirada de alguns periódicos que pretende conceituar o fenômeno *beat*. Assim, os "sons desarticulados, aumentados até os limites insuportáveis pelos amplificadores, ruído produzido por jovenzinhos mal lavados e de larga cabeleira, que a duras penas acabam de aprender alguns acordes simples na guitarra e que recebem o aplauso histérico igualmente desarticulado dos adolescentes. Para os desconfiados, o *beat* é um trabalho de propaganda de alguns espertos negociantes, que mediante estratégias sempre novas tentam retirar até o último centavo dos bolsos dos jovens. E para o *Daily Worker*, órgão do Partido Comunista Inglês, o chamado *Mersey-Sound* é um claro protesto revolucionário, 'a voz de trinta mil operários desempregados e oitenta mil casas miseráveis em ruína'."[78]

Seja qual for o motivo, enfim, uma coisa é certa: a cidade de Liverpool vivia situação muito idêntica àquela dos jovens da *beat generation* americana. Tanto é assim que, no final dos anos 50 e especialmente no decorrer de 1961, surgiriam muitos conjuntos musicais, em sua grande maioria, especializados em *rock'n'roll*. Mas é preciso registrar que, neste momento, Elvis Presley e sua performance como intérprete e dançarino influenciariam boa parte da juventude inglesa. Os próprios Beatles, aliás, sempre citavam sua grande admiração pelo roqueiro americano. Certamente não era sem motivos. Como vimos, foi Elvis quem realmente revolucionou o *rock'n'roll* com suas memoráveis interpretações e de uma coreografia extremamente audaciosa, sensual e quase erótica para a época.

Mas é também nesse momento, no início da década de 60, que surgiria o conjunto *The Beatles*, muito embora John Lennon e Paul McCartney já tocassem juntos desde 1956, no conjunto *The Quarrymen*, formado justamente por Lennon. Em 1959, com a inclusão de George Harrison, o conjunto passaria a se chamar *The Silver Beatles*. Foi um período em Liverpool, que muitos conjuntos musicais, especialmente de *rock'n'roll*, apareciam e desapareciam

---

78. O texto transcrito está no livro já citado de Rolf-Ulrich Kaiser, na página 71. No entanto, o autor deixa claro que o texto foi retirado de alguns periódicos, mas não menciona quais são.

com a mesma rapidez e facilidade. Esse aspecto, no entanto, é contingencial, mas previsível. Nem todos os conjuntos poderiam mesmo sobreviver. Importante, porém, é sabermos que os Beatles nasceram em um clima de grande efervescência em Liverpool sob a influência da cultura *beat* e da própria contracultura. Assim, é possível entendermos melhor o comportamento do grupo e especialmente o de John Lennon, certamente o mais combativo, politizado e irreverente dos quatro. A bem da verdade, esta não é a característica apenas de alguns jovens do contexto *beat*. É preciso ver que todo esse movimento, em Liverpool, tinha um perfil muito semelhante àquele da *beat generation* dos anos 50 e, posteriormente, da contracultura dos anos 60.

Assim, a rebeldia, o protesto e a contestação da juventude eram alguns aspectos, entre outros, que identificavam todo o *movimento beat* de Liverpool. Diferentemente do que ocorreu nos Estados Unidos, onde setores mais abastados da sociedade aderiram a esses movimentos, na Inglaterra o perfil socioeconômico dessa juventude seria outro. A grande maioria dos adolescentes era proveniente de famílias da baixa classe média. Mas há uma explicação bastante lógica para esse quadro socioeconômico. A Inglaterra, embora tivesse saído vitoriosa da Segunda Guerra Mundial, ficou com sua economia seriamente comprometida. O nível de desemprego no país permaneceu durante alguns anos bem acima dos padrões aceitáveis, mesmo em uma situação de exceção.

Nos Estados Unidos, como já vimos, ocorreu exatamente o contrário. O país saiu política e economicamente fortalecido da guerra. Entre a juventude inglesa, a compra de equipamentos musicais (chamava-se conjunto *beat)* era geralmente financiada em prestações. A grande maioria dos grupos musicais estava inclusa em duas categorias não tão distintas. A maior parte era amadora e fazia suas apresentações gratuitamente nos bares de Liverpool. Foi assim, por exemplo, que começou o conjunto *The Quarrymen* com John Lennon e Paul McCartney, em 1956.

Outra parte, um pouco menor, já trabalhava de forma semiprofissional. É o caso do grupo *The Hideaways*, formado por cinco jovens entre 17 e 18 anos. Estranhamente, apenas três membros do conjunto tinham contrato para trabalhar cinco dias por semana. Os outros dois não possuíam este vínculo contratual e, portanto, pelo menos formalmente, eram amadores. Havia ainda um terceiro tipo de conjunto, que já eram realmente profissionais, tinham sua organização interna, agenda de shows a cumprir e até empresário. Apenas como exemplo, vale lembrar os grupos *Gerry and the Pacemakers* e *Roy Storm and the Hurricanes*.

Mas, mesmo com todas as dificuldades a enfrentar, aqueles jovens não prescindiam do seu projeto. O que eles mais desejavam era mesmo a sua independência das exigências familiares e a liberdade para viver e tocar a música *beat*. A grande maioria do público desses grupos musicais passaria logo a ser identificada. Os clubes, bares (*pubs*) e tabernas (*taverns*), onde se apresentavam, eram freqüentados principalmente por adolescentes dos baixos estratos da classe média. Trabalhadores de oficinas mecânicas, armazéns e magazines, auxiliares de escritório, *office boys*, garçons e garçonetes, balconistas, estudantes, operários e desempregados. Havia ainda um público mais marginal como vagabundos, delinqüentes, prostitutas, bandidos procurados pela lei, malandros e drogados.

Pode-se dizer algo equivalente na cidade de São Paulo, àquela população marginal do centro, da qual já tratei em meu *livro Luz Néon – Canção e Cultura na Cidade*. A própria cultura *beat* em Liverpool nasce em uma região de armazéns de frutas e verduras. Uma área comercial periférica, por onde não transitavam os jovens mais abastados da cidade. Tinha muito mais a ver com o universo *underground* dos jovens pobres e da baixa classe média. No entanto, foi nesse ambiente que nasceu a cultura *beat* em Liverpool.

Foi em 1957, nos porões desses armazéns, que surgiram os bares onde os conjuntos de *rock'n'roll* se apresentavam. Alguns o faziam gratuitamente, outros recebiam valores irrisórios. Entre

A Cultura da Juventude

tantas tabernas e pequenos bares dessa região, um deles passaria para a história da música *pop* internacional: *The Cavern Club*, que no início era um espaço especializado em *jazz*. Foi com a interferência do *disc-jockey* Bob Wooler que este bar se tornou o centro da cultura *beat*. Foi aqui também que, de janeiro de 1961 a fevereiro de 1962, o até então desconhecido grupo *The Beatles* iniciava sua trajetória musical. Nesse período eles se apresentaram nada menos que 292 vezes. Como ainda não eram profissionais, receberam cinco libras esterlinas por sua primeira apresentação.

Mas a efervescência da cultura musical *beat* em Liverpool não se resumia aos Beatles e muito menos ao *The Cavern*. A região da Mathew Street era o grande *point beat* da cidade. Além dos inúmeros clubes e bares nesse local, nada menos que 400 conjuntos musicais circulavam pelas noites de Liverpool, levando seu som à juventude ávida por novidades, pela boemia, mas também pelo clima *underground* que se formava em torno desse universo *pop beat*. Não por acaso, o nome do bar era *The Cavern Club*. Os locais preferidos pelo público jovem *beat*, eram mesmo os bares-sótãos, com aparência meio sinistra, meio cavernosa. Nada disso, no entanto, impedia a visita noturna de jovens turistas estrangeiros, que desejavam conhecer o universo *beat* de Liverpool.

Mesmo assim, essas visitas eventuais e esporádicas não influenciavam em nada o ambiente *beat* da cidade, já famosa justamente por esse aspecto. Como era um ambiente de jovens com poucos recursos financeiros, a grande maioria deles não tinha prévios conhecimentos musicais. Todo seu trabalho era feito de improviso e empiricamente, muito embora houvesse clubes com um público de nível cultural ligeiramente acima da média. São os casos do *Cavern Club* e *Sink Club*. Nessas exceções, porém, não havia qualquer manifestação do público ao trabalho dos conjuntos musicais que tocavam "de ouvido", isto é, sem nenhuma base formal, sem prévios conhecimentos musicais. Acontece que, para freqüentar esses bares, estava implícito que o cliente já prescindia dessas "sofisticações". Até porque o próprio nível médio do público habitual se identificava com o dos músicos. Os estudantes, diferentemente do que ocorreu com a contracultura nos Estados Unidos, eram minoria entre a juventude *beat* inglesa.

Significativo, porém, é se perceber que neste universo as barreiras sociais praticamente desaparecem. O que há, isto sim, é a democratização de valores e a inexistência de privilégios culturais. E aqui, de fato, há uma identidade entre o *beat* inglês e o *hippie,* mas que, num segundo momento, logo se distanciam. A identidade reside na busca da igualdade social. No universo *beat* inglês, isso ocorre por força das circunstâncias. Trata-se de segmentos de baixa renda, de cultura sofrível, que se identificam no trabalho, nas profissões e no nível socioeconômico. No universo *hippie* esse desejo se dá, pelo menos como proposta, em nome da justiça social, da liberdade, da contestação, entre outras coisas. Mas essa possível identidade termina aqui. A proposta *hippie* era viver em paz, valorizar o amor, acabar com as guerras e fazer do homem um cidadão livre para percorrer o mundo. Em outras palavras, uma espécie de "rebeldia pacífica". Sem compromisso com o Estado, com a tecnocracia controladora, com a família, etc.

O *beat* inglês não pensava assim ou, quando menos, não tinha comportamento sequer semelhante. Eram jovens (alguns já trabalhavam) em sua grande maioria, dos baixos estratos sociais que buscavam a profissionalização com seus conjuntos de *rock'n'roll*. Ao contrário dos *hippies*, a juventude *beat* inglesa tinha um componente agressivo em sua rebeldia. É que como mencionamos anteriormente, a Inglaterra saiu debilitada da Segunda Guerra Mundial e, além disso, enfrentava problemas nos anos 60 com a automação da sua indústria. O desemprego e a emergência de grandes contingentes no meio urbano-industrial (é o caso de Liverpool), dificultaria a vida dos jovens à procura do seu primeiro emprego. Além disso, o quadro socioeconômico se tornaria ainda mais complicado, porque a Inglaterra estava fora do Mercado Comum Europeu. Isso dificultava sensivelmente seu desenvolvimento econômico. Problemas dessa ordem, é claro, afetaria o país inteiro. Mas a

A Cultura da Juventude

juventude, em especial, seria mais seriamente atingida por falta de perspectivas profissionais.

Não por acaso, o estudo de Howard Jones intitulado, *Crime in a Changing Society*,[79] revela o aumento da criminalidade nessa época, especialmente entre a juventude. Assinala o autor que 75% dos delitos praticados em 1962 estão ligados a jovens de bandas. Em seu livro, *Youth in Revolt* (Juventude em Revolta), Howard Jones vai mais longe. Ele conclui que os jovens mais propensos ao radicalismo e à violência emanam justamente das bandas de *rock'n'roll*. Mesmo reconhecendo não ter resposta para este comportamento, o autor cita exemplos de casos semelhantes em outros países, até mesmo fora do continente europeu. Vejamos: "seja qual for a explicação deste fenômeno, o problema se estende para além das fronteiras do nosso país. Temos notícias de bandas de jovens desequilibrados e destruidores em quase todos os países do mundo. Desde os *Tai-Pau* de Formosa, os *Bodgie* da Austrália, os *Tsotsie* da África do Sul, até os *Halbstarke da Alemanha;* desde os *Blousons Noirs* da França e os *Stilyagi da* Rússia, até nossos próprios *Teds, Mods* e *Rockers* na Grã-Bretanha, há provas claríssimas desta nova solidariedade entre os jovens que se manifestam de forma padronizada, com uma hostilidade que a qualquer momento desemboca em explosões selvagens de violência."[80]

Já se sabe que a situação econômica de um país pode gerar conflitos e violência. Nem por isso, devemos responsabilizá-la por certos tipos de desmandos. Os protestos da juventude, por exemplo, nem sempre estão ligados a esse problema. Além dos motivos que já mencionamos anteriormente, os jovens rechaçam as arbitrariedades das autoridades públicas, as tentativas de manipulação política pelo poder constituído, ou qualquer outro tipo de barganha. Que se pense, por exemplo, nos "caras pintadas" no Brasil, quando

---

79. O estudo de Howard Jones foi publicado na revista *New Europe*, em junho de 1964.

80. *O livro Youth in revolt de Howard Jones* é citado por Rolf-Ulrich Kaiser, mas sem as referências complementares.

poderia ter ocorrido o *impeachement* ao presidente Collor de Melo. No plano internacional, vale a pena lembrar o recente caso dos jovens da periferia de Paris. Eles usaram a violência como desafio e denúncia, por se sentirem abandonados e segregados pelas autoridades públicas francesas. A própria sociedade de massa, desde o seu surgimento, passando pelo processo de modernização, automação tecnológica e chegando à globalização, é rechaçada por boa parte dos jovens. Pode-se dizer, com bastante segurança, que o protesto, a contestação, a criticidade e a rebeldia, são mesmo características inerentes ao comportamento e à cultura da juventude ou, pelo menos, boa parte dela. Certamente de uma juventude mais letrada, esclarecida, mais atenta aos fatos, combativa e preocupada com a justiça social.

O fato é que, em seu conjunto, seja letrada ou não, os jovens têm tido ativa participação no cenário sociopolítico de seus respectivos países. A observação empírica dos fatos e dos acontecimentos nos leva a constatar que, até mesmo a delinqüência, ela não está alijada da cultura da juventude. Ter comportamento delinqüencial nesse estágio da vida é mais compreensível para a sociedade, embora as leis do Estado não interpretem assim. Delinqüir quando jovem tem um significado psicossocial muito diferente da delinqüência adulta. No primeiro caso, há uma predisposição em relevar-se socialmente a atitude, minimizando o problema, em face da pouca idade e da inexperiência de vida. Aceita-se o fato com pouca resistência. Há muitos exemplos dessa situação e eles ocorrem cotidianamente.

No segundo caso, a censura social é bem mais severa. Com o adulto delinqüente, até o Estado é mais rigoroso. Não sem motivos, claro, é justamente durante a juventude que as pessoas se sentem à vontade para transgredir as normas sociais. É quase como uma vitória, deslegitimar a autoridade, exercitar sua irreverência, rechaçar o poder do Estado, protestar, contestar, enfim, rebelar-se contra o *status quo*. Esses talvez sejam os elementos que espontaneamente norteiem a cultura da juventude. Ora, nada mais natural e até aceitável que isso aconteça. Afinal, que futuro teria um país onde a juventude fosse apenas receptora e cumpridora de ordens, das determinações da família e do Estado, sem mostrar em nenhum momento sua insatisfação? Não se pode imaginar um país, uma sociedade nessas condições, do mesmo modo que desejam a família, as instituições sociais e o Estado.

A cultura juvenil é assim. Transgressora por excelência, é próprio da idade moça. Certamente, por isso mesmo, sua grande identidade com o *rock'n'roll*. Nada mais transgressor que o estridente e poderoso som da bateria, os acordes selvagens e surpreendentemente refinados, ao mesmo tempo, da guitarra e dos instrumentos que compõem uma banda de *rock'n'roll*. Nela encontramos a sensualidade coreográfica e toda uma semiologia, signos e sinais que nos comunicam a rebeldia, o desafio, o destemor, a irreverência, a energia e a alegria de viver próprios da juventude. E os alucinógenos? Sim, eles integram esse universo mas são, pelo menos para uma boa parte dessa juventude, apenas o apanágio passageiro de uma época. Com o desencanto da idade adulta, a responsabilidade com a família, a sociedade e o Estado, quase sempre eles se tornam quimeras que se esfumam com tempo. Sobram as lembranças de uma utopia e do sonho que acabou. Agora, aquela nova forma de existência que, certa vez, Herbert Marcuse chamou de "sensação oceânica" em seu livro *Eros e Civilização*, ficará para o deleite da nova geração que virá. E assim é que a cultura da juventude e o *rock'n'roll* nunca envelhecem mas se reciclam.

Talvez o melhor exemplo disso seja mesmo os Beatles. O conjunto se extinguiu em 1969, mas na prática ainda existe. Quando surgiu em 1961, os Beatles encantaram os jovens de todo o mundo. Passados 47 anos, eles continuam, ao lado de Elvis Presley, como os maiores vendedores de discos na história do *rock'n'roll*. O sucesso permanente de venda destes cinco grandes astros mostra que a juventude de hoje se identifica com as obras musicais de Elvis e dos Beatles. Até porque, se dependesse da juventude daquela época, o sucesso não mais existiria. Os jovens dos anos 50 e 60 estão hoje entre os 55 e 65 anos e já conhecem muito bem Elvis, Beatles e Rolling Stones.

A era The Beatles

Mas é mesmo o conjunto de Liverpool quem vai introduzir novas formas de comportamento entre a juventude. John Lennon, Paul McCartney, George Harrison e Ringo Star, todos eles têm sua história particular de vida, depoimentos publicados, livros escritos por biógrafos, declarações impactantes, entre outras coisas. Esses aspectos, não há dúvida, são importantes, mas o que nos interessa mesmo é a obra deste conjunto e sua influência sobre a juventude a partir dos anos 60. Vale a pena registrar, ainda, a passagem de Stuart Sutcliffe e Pete Best, como integrantes dos Beatles, antes de Ringo Star se consolidar no grupo. O primeiro retirou-se espontaneamente e veio a falecer em 1962, de derrame cerebral. Pete Best, de sua parte, não conseguia identificar-se com o grupo e também decidiu sair em 1962.

Mas foi um ano antes, no dia 9 de novembro de 1961, que o ex-vendedor de móveis, Brian Epstein, viu os Beatles atuarem pela primeira vez, no *The Cavern Club*. Suas impressões nos dão a noção precisa do início de carreira do mais importante conjunto da história do *rock'n'roll*: "era a primeira vez que eu os via. Sua aparência não era bem cuidada e pareciam um pouco sujos. Enquanto tocavam, fumavam, comiam, falavam entre si e o faziam como se brigassem. Com freqüência, atuavam de costas para o público e alguns dos espectadores lhes gritavam algo e continuamente riam de suas próprias brincadeiras. Mas era evidente que ali reinava uma enorme excitação. Possuíam uma potente força de atração. Fiquei fascinado."[81] A essa altura, Brian Epstein já trabalhava com a venda de discos em uma das lojas de seu pai. Como recebeu diversos pedidos de discos do conjunto, resolveu conhecê-lo melhor, para entender com mais precisão sua clientela. Ocorre que a primeira gravação do grupo não havia sido feita na Inglaterra e sim em Hamburgo. Além disso, esse registro foi feito com o nome de *Beat Boys*, uma referência direta ao movimento *beat* em plena vigência.

---

81. Este depoimento está no livro de Rolf-Ulrich Kaiser, já citado, p. 84

A Cultura da Juventude

Esse encontro no *The Cavern Club* mudaria tanto a história de Brian Epstein, quanto a dos futuros *The Beatles*. É bem verdade que este grupo já havia conseguido um pequeno sucesso. Ele foi eleito pela juventude que freqüentava o ambiente *beat* como o conjunto mais popular de Liverpool. Nada mais além disso. O fato é que Brian Epstein se antecipou a diversos outros comerciantes que trabalhavam com música. Percebendo o talento e o carisma dos *Beatles*, ele criou a empresa *Nemes Enterprises* com o objetivo de administrar a vida artística deste grupo. Embora já saibamos o resultado desta parceria, vale a pena mostrar sua trajetória. Em todos os setores da atividade humana, há sempre casos muito pouco conhecidos, mas que devem ser relatados. Foi o que aconteceu com Dick Rowe, diretor artístico da gravadora Deca. Ao receber em mãos uma gravação dos *Beatles*, ele respondeu que não havia gostado do trabalho e que, além disso, os conjuntos de *rock'n'roll* estariam saindo de moda. O tempo mostrou que a decisão de Rowe foi a mais infeliz e equivocada.

A oportunidade dada ao conjunto veio de George Martin, da gravadora *Parlaphone-Emi* que, em julho de 1962, oferece o primeiro contrato profissional para o grupo gravar. Assim é que, em outubro deste mesmo ano, a canção *Love me Do* passaria a ser veiculada nas emissoras inglesas com relativo sucesso. Nessa época, na Inglaterra, a concorrência já era muito grande e o espaço para os *Beatles* e outros conjuntos em início de carreira era um problema cada vez mais difícil de superar. E, nesse momento, o conjunto *The Springfields* tinha notoriamente a preferência da juventude inglesa. Apesar do êxito parcial com seu primeiro compacto, em janeiro de 1963 o grupo lança o LP *Please, Please me*. Aí sim, os *Beatles* alcançam o primeiro lugar nas paradas de sucesso do *rock'n'roll* na Inglaterra. Mesmo assim, os veículos de comunicação de massa ainda não haviam "descoberto" o fenômeno musical *Beatles*. Até outubro de 1963, a grande imprensa nada publicara sobre eles. Tratava-se, de fato, de um caso inusitado. Até porque, em agosto de 1963 quando surge o compacto simples *She Loves You,* já havia uma venda antecipada de meio milhão de cópias.

Mas a grande popularidade, mesmo, só aconteceria em outubro de 1963. Em um tabalho eficiente de Brian Epstein, os *Beatles* se apresentariam no *Paladium* de Londres. A televisão inglesa transmitiu o espetáculo que teria sido visto por aproximadamente 15 milhões de espectadores. Nesse momento começava, de fato, a trajetória do grande sucesso do mais importante conjunto de *rock'n'roll* que conhecemos. Em todos os veículos de comunicação, nas seções de arte e música, o destaque era sempre dado aos rapazes de Liverpool. A apresentação no prestigioso concerto *Royal Variety Performance* era a confirmação da popularidade do grupo muito bem administrado por Brian Epstein.

Nessa ocasião, com a presença da Família Real, John Lennon teve um comportamento que gerou grande polêmica entre os críticos, jornalistas e a grande imprensa. Após a apresentação da música *She Loves You,* ele se dirige à platéia da seguinte forma: "quem estiver nos lugares mais baratos, bata palmas; os outros, nos assentos mais caros, apenas agitem suas jóias." À parte toda a irreverência da juventude e da cultura *beat* (e os *Beatles* emergem desse universo), muito presente naquela época na Inglaterra, a atitude de Lennon não teve a aprovação de Paul McCartney e de George Harrison. Ringo Star assumiu posição neutra e conciliadora entre o grupo. A imprensa inglesa se dividiu acerca do acontecimento considerado grave. A única unanimidade: ele não deveria ter dito palavras tão pesadas e agressivas naquele momento. A polêmica, no entanto, se manifestou em outras esferas. Uma parte mais conservadora da imprensa o classificou de oportunista e, ao mesmo tempo, de inoportuno. Parece um contra-senso, mas foi isso mesmo. Ele teria aproveitado a presença da Família Real para fazer o *marketing* internacional dos *Beatles*. Além disso, claro, metaforicamente ficaria registrada a denúncia das diferenças socioeconômicas vividas pela sociedade inglesa na época. Coisa, por exemplo, muito recorrente na cultura *beat* inglesa. De qualquer modo, de parte da Família Real, pelo menos formalmente, o problema foi bem absorvido. Não houve nenhum pronunciamento oficial mencionando este incidente. Tanto

A Cultura da Juventude

é assim, que, em 1965, quando já eram muito famosos, os *Beatles* foram condecorados pela rainha da Inglaterra com a Ordem do Império Britânico, sob veementes protestos da Câmara dos Lordes. Os argumentos dos políticos contrários à condecoração eram os mais evidentes e continham forte dose de revanchismo, em face do comportamento de Lennon, por ocasião do *Royal Variety Performance*. Não há verdadeiramente, como se saber se teria sido, ou não, uma estratégia de *marketing* por parte de Lennon. Ele jamais se pronunciou sobre esse episódio. De qualquer modo, o fato é que aquela atitude agradaria muito à grande comunidade *beat*, não só de Liverpool, mas de toda a Grã-Bretanha. Isto porque a instituição "Família Real", nunca foi bem vista pela juventude da cultura *beat* e por boa parte dos jovens ingleses. Se pensarmos bem, veremos que, a rigor, Lennon não precisaria da presença da rainha para promover seu conjunto. Até porque este comportamento poderia resultar em anti*marketing*, uma vez que a rainha sempre gozou de muita popularidade, especialmente na Inglaterra. Entendo que o mais provável tenha sido mesmo a atitude de rebeldia, irreverência e até mesmo de desafio à autoridade e agressão à burguesia presente.

Como já vimos, este era um comportamento característico da juventude (e continua sendo) dos anos 50 e 60 que reivindicava, sobretudo, a liberdade de ação. A polêmica, porém, perdia força enquanto os *Beatles* ganhavam mais popularidade. O quinto compacto simples, com a música *I Want to Hold Your Hand*, mesmo antes de ser lançado, já tinha a venda antecipadamente garantida de um milhão de cópias. Ao mesmo tempo, eles quebravam um recorde que pertencia ao seu ídolo Elvis Presley. O segundo LP do conjunto inglês havia vendido um dia antes do lançamento, nada menos que duzentas e cinqüenta mil cópias, superando Elvis em cinqüenta mil a mais. De outra parte, a revista especializada *New Musical Express*, apontava os *Beatles* como o maior acontecimento musical de 1963. Dito dessa forma pode parecer algo natural e previsível, mas não era. Esta revista era muito conceituada e não costumava eleger o melhor ou os melhores do ano. O caso dos *Beatles* foi uma exceção. Além do mais, a Inglaterra (e especialmente Liverpool) sempre manteve a tradição de lá surgir bons conjuntos de música *pop*.

O trabalho empresarial de Brian Epstein mostrava-se muito eficiente. Sob sua orientação e sensibilidade comercial, os *Beatles* haviam definitivamente conquistado a juventude inglesa e de outros países europeus. Acontece que este empresário não se limitava apenas a acertar os acordos profissionais do conjunto. Era de sua responsabilidade a imagem pública dos *Beatles*. Assim, por exemplo, os longos cabelos bem cortados e o modelo do terno usado especialmente para os *shows*, que tão bem caracterizariam o "estilo *Beatle*" de ser, passaram pelo crivo de Brian. Embora ele fosse ainda responsável por certa orientação disciplinar do conjunto, é preciso acrescentar que todo esse trabalho era feito em consonância com o grupo. Nem sempre, no entanto, havia pleno entendimento nesse sentido. Algumas vezes, John Lennon não concordava com o que ele resolveu chamar de "embonecamento" dos *Beatles*. As sérias discussões com *Brian Epstein* resvalavam ainda em Paul McCartney, que quase sempre apoiava o empresário. Cantar de costas para o público, por exemplo, foi o primeiro procedimento eliminado por Brian, mas contra a vontade de Lennon. Como foi voto vencido entre o grupo, não restava outra alternativa que não acatar a decisão.

Assim é que, consolidado o sucesso na Europa, os *Beatles* partiriam para os Estados Unidos, no dia 7 de fevereiro de 1964. Já desde aquela época, na área da música, cinema, artes plásticas e outras manifestações, é mais fácil (talvez menos difícil) se conquistar sucesso, espaço e mercado internacional, se receber a aprovação do povo e especialmente da grande *media* norte-americana. É lá que se concentra o grande universo do *show-biz* e Brian Epstein sabia disso, como tantos outros empresários que vivem de agenciar artistas. Apresentar-se no então famoso programa de Ed Sulivan era algo quase obrigatório a quem pretendesse, de fato, o sucesso nos Estados Unidos. A receptividade neste país não poderia ter sido melhor para os *Beatles*.

A Cultura da Juventude

É nesse momento que nasce a chamada *beatlemania*. Na chegada deste conjunto aos Estados Unidos, o aeroporto John Kennedy foi tomado por uma pequena muiltidão de fãs, muitos deles se apresentando com o visual no melhor estilo *Beatles*. Terno justo, gravata, cabelos e até gestos muito semelhantes aos dos grandes ídolos. O tradicional *Carnegie Hall* e o *Washington's* ficaram pequenos para suas apresentações. Pode-se dizer mesmo que o sucesso do grupo foi muito acima das expectativas. Em outras palavras, foi perfeito. Com tanta fama e prestígio profissional, não foi por acaso que, em 1966, John Lennon em mais uma de suas simpáticas irreverências declarava: "somos mais populares que Jesus Cristo." Pode até ter sido uma brincadeira do jovem *beatle*, mas o fato é que ele tinha razão. Além do mais, este era o espírito da época. Contestar, chocar com palavras e ou comportamentos não convencionais, transgredir e fugir do *déjà-vu*, era bem o estilo da juventude da contracultura. Tudo o que pudesse, de alguma forma, ir de encontro às normas e aos valores sociais, os jovens o faziam sem nenhum constrangimento.

Ao contrário dos seus três amigos, Lennon era bastante politizado e fazia valer sua visão crítica sobre os desmandos do Estado e o conservadorismo da sociedade. Em alguns momentos e situações, claro, radicalizava em suas atitudes. Mas, afinal, não devemos sequer criticá-lo por isso. Tratava-se, como ocorre ainda hoje com a juventude, de um comportamento quase habitual para aqueles jovens que reivindicavam, sobretudo, mais liberdade. É bem verdade que a irreverência, de forma muitas vezes agressiva como faziam, só seria aceitável e compreensível mesmo na juventude. Desse momento para frente, na idade adulta, já não é mais irreverência. É falta de educação e de sensibilidade para compreender seu interlocutor. Lennon parecia conhecer bem esta sutil e importante diferença entre o universo da juventude e da idade adulta. Pelo menos, sempre soube usar muito bem sua condição de jovem reivindicativo.

Se em alguns momentos exagerava (e até isso é passível de discussão), quando ironizou parte do público onde estava a Família Real e seus convidados no *Royal Variety Show*, de outra parte foi preciso e demonstrou grande firmeza de personalidade, ao devolver a condecoração recebida da rainha em 1965. Foi a forma justa, em minha interpretação, que ele encontrou em 1969 para protestar publicamente contra a participação ativa do Reino Unido na Guerra do Vietnã e em Biafra. Mas o comportamento não convencional de Lennon, em nada iria interferir na trajetória de sucesso dos *Beatles*. Tanto é assim, que em 1964 o diretor Richard Lester faria o primeiro filme do grupo intitulado, *A Hard Day's Night*. Em espanhol recebeu o título de *Que Noche la de Aquel Dia!* E aqui no Brasil, "*Os Reis do iê, iê, iê*", prestigiadíssimo pelo público e muito bem aceito pela crítica.

Assim é que, durante todo o ano de 1964, os *Beatles* só se apresentariam na Inglaterra e nos Estados Unidos, justamente pelo acúmulo de compromissos nesses países. Entre 1965 e 1966, os compromissos foram tantos que os membros do grupo começavam a se ressentir da falta de uma vida privada. Isto praticamente não existia mais entre eles. É também nesse momento que Brian Epstein, o grande articulador da carreira profissional do conjunto, dá sinais de suas primeiras angústias, tristezas e depressões, que culminariam com o seu suicídio em agosto de 1967.

Quando terminaram as excursões por todo o mundo, desde o norte da Europa até o Japão, os *Beatles* estavam felizes, mas ao mesmo tempo preocupados. Primeiramente, pela falta de individualidade, cada um já pensava em sua própria identidade. Em segundo lugar, o extremo cansaço pelas viagens e o trabalho, que começava a mexer emocionalmente com o grupo. Em agosto de 1966, quando realizaram o último *show* ao vivo em São Francisco, o Beatle George Harrison relembra da seguinte forma: "tudo era demasiadamente longo. Caímos em uma autêntica monotonia enquanto viajávamos pelo mundo. Mesmo tendo a cada dia um público novo, sempre repetíamos o mesmo e isto já não nos

A Cultura da Juventude

satisfazia. Ninguém era capaz de ouvir algo, tudo aquilo não era mais que um enorme tumulto. Como músicos, cada vez estávamos piores. Cada dia repetíamos as mesmas mediocridades. Não, aquilo já não nos satisfazia."[82]

Ainda assim, e certamente por isso mesmo, os *Beatles* partiriam para novas experiências estético-musicais, exatamente como desejava George Harrison. Uma pausa necessária nos compromissos profissionais levou o grupo a deixar de lado, também, o estilo mais padronizado e comercial do *rock'n'roll*. A experiência não poderia ser mais bem sucedida. É em junho de 1967 que surge o LP *Sgt. Pepper's Lonely Hearts Club Band*. Este trabalho representa uma espécie de divisor de águas na obra musical do grupo e, mais do que isso, como mostra Carlos Alberto Messeder Pereira, "praticamente inaugura a era do experimentalismo eletrônico na música popular contemporânea ... ."[83] Foi no País de Gales, na cidade de Bangor, que eles conheceram e se iniciaram na meditação transcendental com o guru Maharishi. Este contato se estenderia pelo ano de 1968, quando resolveram ir à Índia encontrar Maharishi para estudar meditação. Os ensinamentos hindus passaram a ser importantes na obra do grupo. George Harrison foi certamente o mais interessado por aqueles valores da cultura hindu que lhes eram apresentados. Tanto é assim que em 1965, quando surge o disco *Rubber Soul,* a cítara (também conhecida por vínã) está presente na canção *Norwegian Wood.*

Mas, em que pese a inegável influência do transcendentalismo hindu, o que marcou mais fortemente essa época o trabalho dos *Beatles* foi mesmo o disco *Sgt. Pepper's.* Aliás, é uma obra que está diretamente relacionada com as experiências alucinógenas do grupo, quando consumia a diamba e o LSD. Não por acaso, *A Day in the Life*, uma das mais belas canções de toda a obra dos

---

82. Este depoimento está no livro de Rolf-Ulrich Kaiser, já citado, p. 90.

83. Pereira, Carlos Alberto Messeder. Op. cit. p. 49.

Beatles, foi proibida pelas autoridades conservadoras da Inglaterra e dos Estados Unidos. As emissoras de rádio e televisão estavam impedidas de incluir esta canção em sua programação. Aqui no Brasil, o Estado autoritário, liderado pelo general presidente Arthur da Costa e Silva, também cogitou censurar especialmente esta música dos *Beatles*. Em nome da defesa da moral e dos bons costumes da sociedade brasileira, articulou-se a proibição, mas ela não chegou de fato a se concretizar. Apesar das restrições à canção, os censores do governo militar concluíram que não havia alusão expressa aos alucinógenos e, portanto, não deveria ser censurada como tantas outras o foram. Menos mal para a juventude brasileira da época, porque vivíamos um período em que, com razão ou não, a proibição de tantas manifestações culturais foram feitas de forma arbitrária, leviana e irresponsável.[84] A bem da verdade, *A Day in the Life*, além da própria melodia nos levar a uma verdadeira "viagem", realmente faz referência aos alucinógenos. Nada, porém, que justificasse um veto. Essa questão das drogas, como já vimos, não era algo que ocorria apenas com os *Beatles*. Boa parte dos grandes astros e da juventude simpatizante da contruacultura consumia psicotrópicos com regularidade.

Aos poucos, no entanto, a vida em conjunto dos *Beatles* ia mesmo em direção àquela situação mencionada por George Harrison. Com a morte de Brian Epstein em agosto de 1967, de certo modo, teria início a desarticulação do conjunto. Além de grande empresário, ele tinha ascendência sobre o grupo e era uma figura agregadora. O suficiente, por exemplo, para contornar as naturais desinteligências que pudessem ocorrer entre o conjunto. Assim é que, com a morte de Brian, John Lennon e Paul McCartney, duas personalidades bem diferentes, começariam a se distanciar. Harrison, de sua parte, juntamente com a esposa Pattie, estavam profundamente envolvidos com os ensinamentos transcendentais do

---

84. Sobre a censura no Brasil da época dos governos militares, já existe uma boa bibliografia sobre o tema. Mas, dois livros são especialmente importantes pela documentação que apresentam. São eles: *Driblando a censura: de como o cutelo vil incidiu na cultura*, de Ricardo Albin, Rio de Janeiro, Gryphus, 2002 e *Nos Bastidores da censura: sexualidade, literatura e repressão pós-64*, de Deonísio da Silva, Editora Clube do Livro, São Paulo, 1989.

A Cultura da Juventude

guru Maharishi. Dos quatro, apenas Ringo Star não havia mudado seu comportamento, pelo menos na mesma proporção dos seus amigos. Mesmo assim, os compromissos profissionais mantinham o grupo em atividade.

Logo após o lançamento do LP *Sgt. Pepper's,* eles criariam em 1968 a gravadora *Apple*, que se encarregaria de lançar o disco *Hey Jude.* O distanciamento entre os *Beatles* se tornaria ainda mais perceptível a partir de 1969. Com o casamento de John Lennon e Yoko Ono, ele e Paul McCartney passariam a se entender cada vez menos. Manter o grupo unido e em atividade resultaria em uma tarefa muito difícil. Entre outras coisas, porque eles já não demonstravam o mesmo interesse de outros momentos em permanecer juntos. Mas, ainda assim, realizaram o último trabalho em conjunto. Em agosto de 1969, eles lançam o LP *Abbey Road* que, como os anteriores, repetia o grande sucesso de crítica e público.

Quando se observa toda a trajetória dos *Beatles,* percebe-se que as dificuldades de manter-se coeso o conjunto foi se tornando cada vez mais perceptível. Se elas poderiam ser superadas ou não, é uma questão que dependeria unicamente deles. Até mesmo Brian Epstein, com toda sua força conciliadora, em certos momentos, teria suas limitações. De concreto, no entanto, em que pese todas as divergências de opiniões, conceitos e até visão de mundo mesmo entre Lennon e Paul, um aspecto ganhava importância a cada dia entre o grupo: tudo leva a crer que, rigorosamente, já não havia mais uma verdadeira motivação para manter os *Beatles* trabalhando juntos. Talvez o melhor argumento para comprovar este fato seja o seguinte: enquanto eles tiveram estímulo interno e externo para trabalhar juntos, isso aconteceu sem maiores problemas. Não se conhece pelo menos em início de carreira, antes de conquistarem a juventude em todo o mundo, nenhum registro de que qualquer um deles tenha priorizado seus próprios interesses, deixando em plano secundário ou mesmo ignorando as responsabilidades comuns ao grupo. No entanto, depois de conquistarem tudo o que lhes era possível como fama, riqueza, prestígio profissional e popularidade, seria natural e humano certo arrefecimento de todo aquele ritmo de trabalho e até mesmo de motivação para novas criações. Na música popular, como podemos observar por diversos exemplos, este fato acontece com freqüência. Talvez os *Rolling Stones* seja exceção. Mesmo assim, como se sabe, o grupo original já não é o mesmo por diversos motivos.

O mais importante, porém, os *Beatles* já haviam construído em sua carreira. Eles influenciaram fortemente o comportamento social e até político das gerações dos anos 60 e 70. Ajudaram a mudar as relações da juventude com ela mesma, com a família e com o Estado. Os jovens passariam a ser mais reivindicativos e menos reprodutores das ordens e normas sociais. Portanto, é natural que, quando realizamos um trabalho, atingimos os resultados e o êxito desejados, podemos considerá-lo concluído. A meu ver, foi isso o que determinou ou, quando menos, contribuiu para a dissolução do mais importante conjunto musical da história do *rock'n'roll*. A estréia do filme *Let it Be* é um forte indício desta versão. Como se tivessem combinado, nenhum deles apareceu para dar a força e o prestígio que só a presença dos *Beatles* daria. E assim, John Lennon, Paul McCartney, George Harrison e Ringo Star encerrariam sua carreira como grupo. Em dezembro de 1969, Paul MacCartney se encarregaria de legalizar a dissolução oficial do conjunto, solicitando o cancelamento dos seus vínculos contratuais. Tratava-se de mera formalidade porque, rigorosamente, eles se extinguiam apenas para a lei.

Para a juventude de todo o mundo, os *Beatles* continuariam existindo. Eles foram muito além de fazer músicas bonitas como *A Day in the Life, Yesterday, Let it Be, I Want To Hold Your Hand, Eleonor Rigby* e tantas outras. Seus filmes, *A Hard Day's Night, The Magical Mistery* e *Yellow Submarine*, foram apenas um apêndice em sua obra. O mais importante é que eles fazem parte de um fantástico e restrito grupo de jovens que mudou estruturalmente a cultura da juventude. Ao contrário do que ocorre com tantos outros conjuntos musicais, eles se extinguiram e, mesmo assim, suas idéias

A Cultura da Juventude

atravessaram o tempo. Isso é o mais importante. Elas permanecem vivas e contemporâneas da nossa juventude. Hoje, os mesmos jovens que ouvem o *rap* e o *hip-hop* também os ouvem e gostam deles. O tom um tanto melancólico com que John Lennon falou ao jornal *Rolling Stones*, lídimo representante da contracultura, não significava o fim da época do seu conjunto e sim de uma utopia. Estava em pauta, principalmente, o ocaso do movimento da contracultura. Não sem motivos, ele menciona em sua entrevista: "o sonho acabou". Os valores transgressores da juventude ávida por liberdade, por dirigir seu próprio destino sem a interferência tecnocrática do Estado, como mostra o sociólogo Theodore Roszak, perderam-se no caminho, esvaíram-se no tempo e transformaram-se em utopia. Em sua canção *God,* Lennon retoma o tom melancólico e reconhece que todas as alternativas para o sonho da contracultura foram exauridas.

Vejamos o texto:

"O sonho acabou
Que é que eu posso fazer?
O sonho acabou
Ontem eu era um fabricante de sonhos
Mas agora nasci novamente"

Que o sonho acabou não há nenhuma dúvida. Mas isso não é o mais importante no presente. O que conta, isto sim, é o fato de aqueles quatro rapazes que iniciaram seu trabalho no *The Cavern Club* terem deixado inestimável contribuição à cultura da juventude no século XX. O sonho não teria como não acabar. As expectativas daquela juventude da contracultura eram incompatíveis com as bases ideológicas que sustentam a formação do Capitalismo. Destruí-las não é tarefa fácil. Era uma utopia a mais. Os estudantes franceses, como vimos, bem que tentaram mas tudo resultou inútil. Os próprios *Beatles*, como de resto toda a concepção, símbolos e signos da contracultura, tornaram-se presa do Capitalismo. Exatamente o que não desejavam e criticavam na sociedade de massa.

A figura emblemática dos *hippies*, seu estilo de vida alternativo, o vestuário, colares, outros acessórios visuais da indumentária da contracultura e até o cachimbo da diamba foram industrializados. Todos transformados em "moda jovem" disponíveis nas vitrines dos magazines, dos *Shoping Centers* e vendidos em grande escala. Como sempre se faz na sociedade de consumo, estratificando a qualidade para alcançar o mercado em todas as classes sociais. Nem mesmo a irreverência, a rebeldia, a transgressão, o protesto e o comportamento da contracultura anti-sociedade de massa, escaparia das estratégias de mercado de produção e consumo. Tudo seria industrializado. Ou melhor, toda a contestação à sociedade de massa passaria agora a fazer parte como produto disponível ao consumo. A própria figura do jovem contestador foi transformada em moda e posta à venda nos magazines. Ela integrar-se-ia à paisagem do meio urbano-industrial e da sociedade de massa, como qualquer bolsa feminina, um par de sapatos, um vestido tubinho ou a minissaia. A contestação e a própria idéia de contracultura perdiam a sua força. Foram simplesmente estandardizadas pelo capital. Até o jovem de idéias conservadoras, mas que gostasse de atualizar-se com a moda masculina, vestia-se de contestador. Mao Tse-Tung, Sartre, Che Guevara, Karl Marx, Fidel Castro, Marcuse, Wilhelm Reich, Freud, entre outros, teriam sua figura estampada nas camisetas coloridas (chamadas de psicodélicas) e expostas ao consumo de massa.

Dessa forma, os grandes teóricos da esquerda e ícones da juventude da contracultura passariam a integrar o universo do consumo da moda psicodélica. Era assim que se chamavam todos os produtos com a temática sobre a contracultura. Mas a estandardização desse movimento e de seus valores não se restringia apenas aos objetos. O próprio discurso e o comportamento do jovem contestador, ou adepto do estilo "paz e amor", também foram explorados pelos princípios mercantilistas da sociedade e da cultura de massa. Toda a *media* visual, escrita e falada, usaria o discurso da contracultura e a figura do *hippie* como garoto-propaganda. Aqui podemos ver alguns requintes de crueldade e a forma com que o capital e a volúpia pelo lucro trataram especialmente este segmento da contracultura. Os verdadeiros *hippies,* aqueles que realmente incorporaram esse comportamento libertário da juventude naquele período, nada têm a ver com aquela imagem estúpida em que os *media* tentaram transformá-los.

Nessa época, podíamos ver os *outdors*, os painéis e a televisão trabalhando esses valores. A rigor, claro, não eram os mesmos valores da contracultura e sim seus estereótipos. O que Jean Baudrillard chama acertadamente, a meu ver, de simulacro. De qualquer modo, uma coisa é certa: os técnicos da indústria cultural transformaram a contracultura (uma cultura que se pretendia marginal), em verdadeiro produto da cultura de massa, isto é, a cultura oficial do consumo. As alternativas para os jovens da contracultura praticamente inexistiam. Eram quase nulas. Mas, não havia o que fazer. Afinal, em uma sociedade estruturada nas relações de troca, no interesse de acumulação do capital, prevalecerá a ideologia do lucro. Tudo o que for contra ou alheio a este objetivo, terá enormes dificuldades para sobreviver.

Assim, por exemplo, os jovens músicos, adeptos do movimento da contracultura, tinham poucas alternativas se quisessem viver da sua arte. Não por acaso, Ringo Star fez uma revelação esclarecedora sobre este assunto, ao tocar em seu início de carreira juntamente com os *Beatles*. Vejamos: "em Liverpool

A era The Beatles

havia tantos conjuntos e grupos, que sistematicamente tocávamos uns para os outros. Aquilo era uma comunidade formada por uma série de grupos. Todos acorriam aos mesmos locais e atuavam uns para os outros."[85] Esta situação só permaneceria até a chegada de um empresário que se interessasse pelo grupo musical. A partir daí, teria início a comercialização com os primeiros contratos e a conseqüente profissionalização do conjunto. Isto significa, em outros termos aderir e aceitar ainda que minimamente (e que mínimo é este?), as regras com que trabalha a indústria cultural.

Se não aceitá-las, dificilmente o grupo se profissionalizará. O que aconteceu com os *Beatles* foi exatamente isso. Eles aceitaram a proposta do empresário Brian Epstein. Com seu trabalho e o fantástico talento dos moços de Liverpool, os jovens de todo o mundo puderam desfrutar do que de melhor a cultura *beat* inglesa produziria na música *pop* internacional. O fato de os *Beatles* e outros conjuntos aceitarem sua inserção na indústria cultural (de início apenas na indústria fonográfica) não significa nada mais além disso. Expressa apenas o desejo justo de vender o seu trabalho, como qualquer outro profissional o faria e como fazem todos os trabalhadores.

Uma leitura ideológica mais radical poderia, equivocadamente, confundir os objetivos. Uma coisa é um profissional vender o seu trabalho ao capital, outra coisa é vender-se ao capital. São situações muito diferentes e que uma leitura apressada, poderia enveredar por erros grosseiros de interpretação. Os *Beatles* e outros conjuntos de *rock'n'roll*, grandes cantores-compositores fizeram o seguinte: venderam o seu trabalho ao capital e recebem das gravadoras, o que foi estabelecido por contrato. Nada mais justo do que isso. Afinal, o trabalhador vende sua força de trabalho e também recebe o salário pago pelo seu empregador.

No caso do artista, claro, seu produto é a arte. Se ele, deliberadamente, fizer concessões no tocante à qualidade do seu tra-

---

85. Este depoimento está no livro de Rolf-Ulrich Kaiser, já citado, p. 92.

A Cultura da Juventude

balho para torná-lo mais consumível, mais "agradável" ao grande consumo, aí sim, é vender-se ao capital, é adaptar sua obra às exigências da indústria cultural. Nesse caso, o acordo entre capital e trabalho resulta prejudicial ao consumidor, que passa a ter à sua disposição uma obra de qualidade no mínimo duvidosa. E aqui nos valemos das palavras do teórico alemão Theodor Adorno, quando diz com razão que "as massas não são a medida mas a ideologia da indústria cultural, ainda que esta última não possa existir sem a elas se adaptar."[86] Nesse caso, a obra adquire um caráter estritamente mercantil. Visa-se tão-somente ao lucro e, aí sim, ela torna-se apenas mercadoria, sem qualquer outro significado.

Pois bem, os *Beatles* e outros artistas de idêntica estirpe, de criticidade mais apurada, não aceitaram e não aceitam essas normas da indústria cultural. É sempre conveniente e aconselhável a mediação de interesses. Isto significa que é plenamente possível a convivência do artista que quer vender seu trabalho com os interesses da indústria cultural, sem que para isso precise capitular de seus princípios. As questões ideológicas podem ser administradas e sem conflitos. Para isso, de início, é preciso eliminar aquele apotegma do "sucesso a qualquer preço". Assim, quando começamos a analisar situações como esta, é que compreendemos por que John Lennon ao se reportar a todo o movimento da contracultura declara: "Eu acordei para isso também. O sonho acabou." E mais do que isso, ele reitera em sua canção *God*:

> "O sonho acabou
> Ontem eu era um fabricante de sonhos
> Mas agora nasci novamente."

---

86. Adorno, Theodor. A indústria cultural. In: Cohn, Gabriel (org.). *Comunicação e indústria cultural*. São Paulo: Nacional, 1972, p. 288.

XI

Do sonho à frustração

A grande utopia daquela juventude realmente chegava ao fim. Não era possível se criar uma sociedade ou comunidade nos moldes que pretendiam os jovens da contracultura. Isolar-se do universo do consumo, como fizeram os *hippies*, resultaria inútil e ineficiente. Mudar o sistema político do Estado como tentaram os jovens franceses foi outra experiência que evidentemente não poderia dar certo. A alternativa era mesmo enfrentar a convivência do cotidiano duro, selvagem e inclemente da sociedade do dinheiro. O que fazer então? Nesse sentido, de fato, o sonho acabaria mesmo. Não era possível transformar a sociedade, nos moldes como pretendiam os jovens *hippies* ou revolucionários. Todo este movimento, no entanto, deixou um legado de inestimável importância à cultura da juventude. Foi esta geração da contracultura que consolidou o caráter mais combativo, crítico, questionador, não conformista e contestador da juventude de hoje, muito embora as bases desse comportamento esteja lá nos anos 50, como vimos anteriormente.

Foi também, com estes jovens, que o antagonismo entre as gerações adquiriu dimensões internacionais. A insatisfação da juventude não se reduz (nem se reduzia na época da contracultura) apenas aos Estados Unidos e à Europa. Em países asiáticos como o Japão, por exemplo, e na América Latina, a situação é idêntica, ainda que ponderemos as condições históricas e socioeconômicas bem diferentes. A meticulosa sistematização da tecnologia, sua racionalização e planejamento organizacional foram incapazes de inserir, integrar o jovem à moderna sociedade industrial. Quando falo dessa inserção, estou pensando em seu sentido mais amplo. E isso não ocorre efetivamente. Em que pese toda a modernização (e

Do sonho à frustração

isso não significa aperfeiçoamento) à qual me refiro, esta sociedade apresenta imperfeições, brechas e fissuras obsoletas que destoam das expectativas e necessidades primordiais da juventude. Nos anos 60 já era assim. Os problemas atravessaram o tempo e chegaram à nossa contemporaneidade. A ética política, a educação, o lazer, o entretenimento, a cultura em seu sentido macro e a ausência de uma política para a juventude sem *parti-pris* ideológicos são algumas instituições ainda sem a contextura social satisfatória. Elas têm recebido um tratamento meramente formal por parte dos tecnocratas.

Na verdade, os jovens que aderiram ao movimento da contracultura perderam a confiança nos tecnocratas especialistas. Eles se mostraram incapazes de ajudá-los, através do poder e da força administrativa do Estado, a resolver seus "dilemas existenciais", sociais, de relacionamento com a geração dos seus pais, entre outros aspectos. Eles parecem ter perdido a confiança na razão, na ciência, na racionalidade administrativa e na própria inteligência técnica do sistema que conduz e confere as relações entre Estado e sociedade. A política e a racionalidade tecnocrática buscam o nível de excelência, a competência e o controle racional cada vez mais aperfeiçoado. De outra parte, o uso e o aperfeiçoamento da técnica para melhor bem-estar da sociedade tem se mostrado ineficiente nesse sentido. Só a simples geração de riqueza mediante o eficiente desenvolvimento tecnológico e da produção industrial apenas cria uma sociedade opulenta, mas não resolve nem atenua os problemas da juventude.

Quando os jovens europeus, por exemplo, atingem a idade produtiva com seus cursos universitários concluídos ou não, boa parte deles permanece à margem do mercado de trabalho. Outros, porém, são compelidos a abandonar suas famílias e seu país em direção à África, América Latina e outros lugares à procura de um emprego. Este, sim, é o grande pesadelo da juventude, que contrasta com a expansão da tecnocracia. Mas esta não é uma situação nova. Como acontece contemporaneamente com os jovens da periferia de Paris, do Bronx, nos Estados Unidos, de forma muito semelhante já ocorria nos anos 60, quando emerge o movimento da contracultura.

A Cultura da Juventude

Nos países do chamado "terceiro mundo" ou subdesenvolvidos, o problema é apenas atenuado, mas permanece grave da mesma forma. Tanto é assim que, no caso do Brasil, são muitos os jovens que saem do país à procura de mercado de trabalho até na Europa e Ásia, especialmente no Japão. Que se pense, por exemplo, na colônia brasileira em Portugal. Ela tem aumentado sensivelmente nos últimos vinte anos e os motivos são os mesmos que levam os jovens europeus a deixarem seus países de origem. Mas, não nos esqueçamos, também, dos muitos jovens brasileiros que tentam a todo momento entrar clandestinamente nos Estados Unidos, acreditando ser a grande solução para sua independência econômica. No Japão, aproveitando as leis que regem as relações de parentesco, brasileiros *nisseis* se dirigem a este país para trabalhar, ganhar algum dinheiro e remetê-lo à sua família no Brasil. São os chamados *decasseguis*. Da etimologia japonesa, *dekassegui* significa trabalhador aceito em caráter temporário. Assim, nesses rápidos exemplos e explicações, podemos ver que a racionalidade tecnocrática não tem dado conta de resolver problemas primordiais que competem à máquina político-administrativa do Estado. Os especialistas não sabem ou não querem explicar por que a sociedade continua "correndo na esteira". Freqüentemente vemos alguns segmentos sociais mais politizados e participativos pedir soluções. Os resultados têm sido inúteis ou, quando não, apenas paliativos para procrastinar uma possível crise. Algumas vezes são tomadas decisões de superfície e quase sempre de fundo eleitoreiro. O Estado trabalha a aparência e desvanece a essência. Delonga-se o problema *sine die* e tudo deve permanecer como está. O novo Estado industrial e sua tecnoestrutura, como nos mostra John Kenneth Galbraith, não consegue chegar a soluções práticas que possam ir ao encontro das necessidades da sociedade.

Mas é com o sociólogo americano Richard Sennett, ao analisar a cultura do novo Capitalismo, que temos uma idéia mais precisa dessa questão. Tratando das relações entre o público, a imprensa e os políticos representantes do povo, ele acrescenta: "estamos tão habituados à sobreposição dos comportamentos políticos e de consumo que perdemos de vista as conseqüências:

a obsessão da imprensa e do público com os traços individuais de caráter dos políticos mascara a realidade da plataforma de consenso. No desempenho político moderno, o *marketing* da personalidade freqüentemente passa ainda mais ao largo da narrativa da história pessoal e profissional; seria tedioso demais. O político encarna intenções, desejos, valores, crenças, gostos – uma ênfase que mais uma vez tem o efeito de divorciar o poder da responsabilidade".[87]

Pois se como nos mostra Guy Debord, vivemos na sociedade do espetáculo, o próprio político mostra, através do *marketing*, apenas sua aparência e assim impede que o público o conheça melhor. Isso explica com maior clareza sua ação, entre outras coisas, porque resulta mais fácil pôr em prática "o efeito de divorciar o poder da responsabilidade".

Se, de uma parte, a sociedade espera que o Estado apresente soluções práticas para seus crônicos problemas, por outro lado, as dicotomias políticas e a ordem tecnocrática a organizam para permanecer como está. Prevalecem as diretrizes do *establishment*. Apenas segmentos mais politizados da sociedade, como já disse, vão levantar a voz contra a mesmice e a letargia promovida pelos tecnocratas do Estado. Não seria o caso aqui de resenhar mais detalhadamente um fato tão recorrente na sociedade e cheio de exemplos a serem citados. Não obstante, certamente, por isso mesmo, a contestação propriamente dita e a contestação à expansão tecnocrática, pode-se dizer, incorpora-se ao *ethos* da cultura da juventude. A combatividade, a rebeldia, o protesto, a irreverência, tudo isso nasce também do desejo de transformação social. A inércia do Estado, porém, termina sendo um grande estímulo aos jovens a exercitar suas reivindicações a seu modo. Se ocorresse o contrário, ou seja, se esse Estado fosse ativo em suas relações com a sociedade, certamente a juventude teria muito pouco a questionar. Ao analisar o comportamento dos jovens e as ações da tecnocracia, Theodor Roszak se faz uma pergunta e ele mesmo a responde:

---

87. Sennett, Richard. *A Cultura do Novo Capitalismo*. Rio de Janeiro: Record, 2006, p. 151.

A Cultura da Juventude

"Por que seriam os jovens os principais contestadores da expansão tecnocrática? Não há como evitar a resposta mais óbvia: os jovens assumem tamanho destaque porque atuam contra um pano de fundo de passividade quase patológica por parte da geração adulta. Só reduzindo a zero nossa concepção de cidadania é que poderíamos desculpar nossa geração adulta por espantosa omissão."[88]

Com efeito, vemos aqui que o conflito de gerações se dá, entre outras coisas, pela contraposição do binômio omissão/contestação. Se, de uma parte, os adultos vão perdendo o interesse em participar politicamente dos ideais de uma sociedade melhor e mais justa (há sempre exceções), com os jovens acontece exatamente o contrário. Eles têm ideais a realizar e, para isso, se mantêm vigilantes aos atos das autoridades públicas. O combate à corrupção e aos maus políticos no Brasil, por exemplo, tem tido, a seu modo, destacada participação da nossa juventude. Algumas vezes, é bem verdade, de forma festiva, bem-humorada e desorganizada, mas com objetivos sempre sérios. Como a época em que os "caras pintadas" foram às ruas exigir a renúncia do presidente Collor de Melo. Outras vezes, porém, usando a força política da sua instituição, como tem feito a UNE – União Nacional dos Estudantes. Assim, com seu grande pendor para a contestação e a justiça social, a juventude passa a combater não só os políticos oportunistas e corruptos. Ainda que em alguns casos não tenham plena consciência de aonde querem chegar, o fato é que eles questionam a própria tecnoestrutura do Estado Capitalista moderno. Para os tecnocratas, que só pensam na sociedade como forma de integração organizacional, no progresso econômico e industrial, a contestação dos jovens se torna mais rigorosa. Eles querem uma sociedade mais humana e menos tecnocrática.

E aqui é preciso registrar o seguinte: este comportamento não está necessariamente ligado a ideologias de esquerda que colocam em pauta os conflitos de classes e a organização do Estado. Não é isso. As reivindicações da juventude não objetivam a eliminação do sistema capitalista. Elas estão justamente no plano da autonomia

---

88. Roszak, Theodore. Op. cit. p. 33 e 34.

para decidir sobre seus próprios caminhos, liberdade de ação e participação naquilo que lhe diz respeito. Há uma forte tendência das autoridades públicas em banalizar os protestos coletivos dos jovens. Talvez porque não tenham o mesmo poder e o nível de organização de outros segmentos da sociedade. A juventude pode até agir de forma desorganizada, mas não age arbitrariamente, nem é irresponsável em seus atos, como em certos momentos as autoridades gostariam que acreditássemos. Seus valores essenciais não são formados apenas de rebeldia e contestação. São formados também pela recusa àquilo que Herbert Marcuse chamou de "repressão excedente", isto é, algo a que determinados indivíduos ou grupos impõem a outros, como estratégia para manter e consolidar seu poder. E quanto mais omissos formos, quanto mais a sociedade se mantiver letárgica como no Brasil e em outros países despolitizados, mais ajudaremos o Estado a racionalizar a lógica da dominação em benefício das elites.

Para ser mais claro, convém registrar que grande parte da tecnocracia que administra este Estado é formada justamente pelas elites ou seus representantes. No Brasil, por exemplo, os poderes executivo, legislativo e judiciário são compostos na sua imensa maioria pela elite econômica do país. Basta analisar o quadro de deputados federais, senadores e dos senhores que compõem as diversas instâncias do poder judiciário para constatarmos esse fato. De 1985 para cá, o país democratizou-se, especialmente no tocante às liberdades políticas, mas não o suficiente para que tenha possibilitado maior participação popular e menor índice de corrupção. A distribuição da riqueza que produzimos continua sendo desastrosa como sempre o foi.

Assim, se por um lado o país realmente retomou os rumos da democracia política, de outra parte já não podemos dizer o mesmo acerca da nossa economia. O poder aquisitivo do trabalhador continua no limite entre as suas necessidades básicas e as carências vitais que, em alguns casos, são "supridas" (o termo mais adequado é exploradas) pelos magazines ao custo de longas prestações e

A Cultura da Juventude

juros escorchantes. Do lado oposto a esta situação encontra-se nosso sistema bancário. Seria tedioso relacionar a imensa lista de taxas que o cidadão brasileiro paga pelos serviços bancários, que muitas vezes nem escolheu se queria ou não contratá-los. A situação mais aviltante, porém, não posso deixar de mencionar embora, é claro, já seja de domínio público. Para manter uma conta corrente em qualquer banco do país o cidadão, que já deixa o seu dinheiro à disposição do banqueiro (ele o aplica em seu benefício e nada paga ao correntista), é obrigado a pagar um valor mensal apenas para manter sua conta. O trabalhador, salvo poucas exceções, é compelido a ter esta conta corrente. Não há escolha entre ter ou não ter. Eu poderia dar muitos outros exemplos, mas fico apenas com o caso do funcionário público, que é bastante ilustrativo.

Situações como essas e tantas outras não mencionadas aqui, é que deveriam ter maior inserção da sociedade no tocante a esses procedimentos. A participação do cidadão certamente o politizaria ainda mais e, por decorrência teríamos, quando menos, o fortalecimento do Estado democrático. Na nossa contemporaneidade, já não há mais espaço para dogmatismos e maniqueísmos. Ninguém deve, *a priori*, ser julgado como bom ou mal, certo ou errado, anjo ou demônio, estúpido ou sábio. Mas devemos, isto sim, ver sempre criticamente as relações entre Estado e sociedade. E isso os jovens têm feito. Especialmente (mas não só) aquela parcela da juventude mais preocupada com a justiça social. Nesse aspecto, as classificações como *beat, hippie, punk* e tantas outras, só têm função temporal, isto é, de marcar época de gerações e de mudanças de comportamento. Convenhamos, não é pouco. O que prevalece, no entanto, é o grande pendor e a energia da juventude para a combatividade, a procura da liberdade, o desejo de renovação e disposição para contestar sempre que considerar necessário. Esta, sim, pode ser a síntese do seu *ethos* cultural.

Mas este também é um comportamento, pode-se dizer, herdado de gerações anteriores e interpretação dos escritos de grandes pensadores. Homens rebeldes que enxergavam "o mal-

Do sonho à frustração

estar na civilização" (apenas para lembrar Freud), cujas teorias atravessaram o tempo permanecendo contemporâneas e necessárias. No conflito de gerações, eles sempre viram criticamente a ordem social. Talvez, por isso mesmo, é que o sociólogo Theodore Roszak tenha chegado a esta conclusão: "o fato é que foram os jovens, à sua maneira amadorística e até mesmo grotesca, que deram efeito prático às teorias rebeldes dos adultos. Arrancaram-nas de livros e revistas escritas por uma geração mais velha de rebeldes, e as transformaram num estilo de vida. Transformaram as hipóteses de adultos descontentes em experiências, embora frequentemente relutando em admitir que às vezes uma experiência redunda em fracasso."[89]

Pois bem, mas ao colocarem em prática as "teorias rebeldes dos adultos", como diz Roszak, os jovens não estavam sendo apenas reprodutores dessas idéias. Mais do que isso, passariam a criar padrões de comportamento familiar e social, até então inimagináveis. E toda essa transformação, todo esse novo estilo de vida, inicia-se nos anos 50, com grande força e apelo à juventude pós-Segunda Guerra Mundial, especialmente nos Estados Unidos, como vimos no início deste trabalho. Todo o movimento da contracultura, os *hippies*, o *rock'n'roll*, o misticismo oriental, as drogas das mais diversas procedências, símbolos, signos, astrologia, especulação metafísica, androginia, o fascínio pelo universo *underground*, a defesa e apologia do amor livre, enfim, a recusa à mesmice comportamental e social, tudo isso, podemos dizer, forma o verdadeiro *ethos* do que poderíamos chamar de cultura da juventude. E não se trata de acontecimentos que ficaram circunscritos aos anos 50 e 60. Não é isso. Este é um fenômeno que varou o tempo e é vivido pela juventude da nossa contemporaneidade com igual intensidade, mas em outro contexto histórico e social.

A diferença, de lá para cá, é que este comportamento já não é mais novidade, embora continue incomodando o *establishment*. A atualidade dessa cultura da juventude a que me refiro está no seguinte:

89. Roszak, Theodore. Op. cit. p. 37.

o *rock'n'roll* se tornou a música universal dos jovens, os *hippies* acabaram com o vinco da calça, com as cores sombrias, sem vida, quase lúgubres e introduziram o colorido psicodélico. O romântico namorinho de portão dos anos 40, que permaneceu durante toda a década de 50, foi para dentro do quarto. Em alguns casos, aliás, com a anuência dos pais do jovem casal. Certamente ex-*hippies* para manter a coerência. O amor livre "atropelou" o comportamento conservador e pudico. Hoje, parte da juventude já não namora, apenas "fica". Uma expressão que ganhou interessantes ambigüidades. Ela pode significar apenas um encontro despretensioso entre um casal de jovens, algumas horas de namoro e bolinagem, ou até mesmo uma noitada orgástica em algum lugar. Tudo isso, evidentemente, sem qualquer conotação de futuros compromissos mais sérios. As drogas atingiriam uma magnitude que nem mesmo Timothy Leary, o grande guru da geração psicodélica, poderia prever. Estes são apenas alguns exemplos da contemporaneidade da contracultura vivida pelas gerações atuais.

Do mesmo modo é inegável que o movimento dos estudantes franceses, em maio de 1968, contribuiu decisivamente para a formação de uma nova cultura da juventude que surgiria nos anos 60, atravessaria o tempo e chegaria aos nossos dias. É natural, no entanto, que esta trajetória tenha enfrentado obstáculos e alguns desvios. O oportunismo, a impostura e a charlatanice sempre surgem, nessas ocasiões. Ou através de indivíduos, ou de instituições. A partir de certo momento, era comum encontrarmos arremedos dos *hippies*. Pessoas fingindo ser o que não eram realmente. Em outras palavras, o modelo perfeito daquilo que o sociólogo francês Jean Baudrillard chama de simulacro.[90] Os oportunistas, ávidos por uma autopromoção, passariam muito rapidamente a defender o comportamento e o estilo de vida daquela juventude que recusava os valores da ordem estabelecida. A banalização da figura *hippie*

---

90. Para maior aprofundamento sobre o conceito de simulacro é fundamental a leitura do livro do sociólogo Jean Baudrillard, *Simulacros e simulação*, Lisboa: Relógio d'Água, 1991.

Do sonho à frustração

criou um modismo perigoso. Tanto é assim que, no Brasil, esse estereótipo passaria a ser chamado de "bicho-grilo". Ainda hoje esta expressão é usada de forma depreciativa quando se vê alguém com o aspecto visual de *hippie*

O momento mais pérfido, porém, viria logo em seguida, quando a imagem da rebeldia jovem foi transformada em produto comercial como qualquer mercadoria. A essa altura, todos os valores da contracultura ficariam expostos ao grande espetáculo do consumo da sociedade de massa, bem nos moldes daquilo que teorizou o sociólogo Guy Debord. É que no mundo capitalista, pouquíssimas são as coisas que não se compram e não se vendem. Muito poucas mesmo. É quase impossível se evitar esta situação. A indústria cultural tem o poder impressionante de transformar coisas inimagináveis em produto de massa. E aqui nos valemos mais uma vez das palavras de Theodor Adorno, quando diz que "a indústria cultural é a integração deliberada, a partir do alto, de seus consumidores. Ela força a união dos domínios, separados há milênios, da arte superior e da arte inferior. Com prejuízo de ambas."[91] E como ocorre na prática, isto é, no cotidiano, o crime organizado, a devastação de florestas, a extinção de animais, os romances mal-sucedidos, os movimentos religiosos, as catástrofes e tantas outras coisas tornam-se o grande trunfo dos editores de revistas, jornais e de toda a *media* da indústria cultural. São táticas comercializantes e banalizadas que caracterizam muito bem a sociedade de massa.

Como tantos outros fenômenos, a contracultura foi, aos poucos, tomando um caráter de "moda passageira" para o grande público. E, na verdade, de certa forma isto ocorreria. Aquela cultura rebelde, de uma juventude contestadora, não conseguiu mesmo resistir à imagem de "novidade", de algo efêmero e produzido para o consumo de massa. Essa era, aliás, uma das observações muito

---

91. Adorno, Theodor. Op. cit. p. 287 e 288.

A Cultura da Juventude

precisas, a meu ver, que o teórico Theodore Roszak fazia a respeito do movimento da contracultura. Dizia ele que "se a contracultura se reduzir a um conjunto pitoresco de símbolos, gestos, maneiras de vestir e slogans, aceitos sem maior exame, ela proporcionará muito pouca coisa capaz de ser transformada em compromisso de toda uma vida – exceto, e nesse caso pateticamente, para aqueles que sejam capazes de se acomodar a uma situação de eternos parasitas do campus, das 'festas de amor' e dos clubes de *rock*. Terminará como um estilo temporário, continuamente deixado para a nova geração de adolescentes: um começo promissor que jamais vai adiante."[92]

Nesse aspecto, pelo menos, Roszak tem razão apenas parcialmente. Digo isto porque, no decorrer do tempo, a contracultura mostrou-se um movimento muito mais consistente do que parecia em seu início trôpego e apenas muito festivo. Os jovens apenas se soltavam e não tinham nada preestabelecido. Ainda bem. Não sabiam propriamente o que queriam, mas sabiam o que não queriam. Isto já é bastante. Só mais tarde e espontaneamente, a contracultura se transformaria mesmo em um estilo de vida para a juventude não alinhada com as normas estabelecidas pelo Estado e a sociedade conservadora. Não fosse assim, teríamos em nossa contemporaneidade uma outra cultura da juventude, que não esta de valores, em alguns aspectos, muito semelhantes à época dos grandes momentos da contracultura. Se boa parte dos jovens das atuais gerações recusa a tecnoestrutura e o próprio estatuto da sociedade tecnocrática, é preciso ver que as bases desta rejeição residem precisamente no movimento da contracultura, em toda a resistência e rebeldia dos jovens daquela geração.

É certo, sem dúvida, que a contestação é algo mesmo inerente à juventude, mas é certo também que os jovens de hoje já têm o *know-how* da geração da contracultura. Os jovens daquela época agora já são pais e, em alguns casos, até avós, mas abriram

---

92. Roszak, Theodore. Op. cit. p. 81.

Do sonho à frustração

o caminho para o que podemos chamar contemporaneamente de cultura da juventude. E ela consiste, entre tantas outras coisas que já vimos, em um comportamento, um estilo de vida, uma linguagem corporal e verbal, que não passam mais só pelo *rock'n'roll* ou por expressões como "bicho", "broto", "jóia", "bacana", "é isso aí", "numas",etc. e sim por uma infinidade de outros ritmos como *hiphop*, *funk* e palavras como *"brother"*, "maneiro", "irado","mó legal", "tá ligado", "sarado" apenas para citar algumas. Pode-se dizer mesmo que esta geração criou o seu próprio socioleto, além da transformação de símbolos, gestos, maneira de vestir e até outra estética visual.

A contestação, no entanto, continua sendo a grande marca desta juventude como o foi na época da contracultura. Pois bem, mas agora, em meio a essa discussão, cabe uma pergunta importante: e as drogas? Então, já faz algum tempo que elas não são mais algo emblemático apenas da juventude, se é que o foram em algum momento. Não é mais um elemento cultural só desta faixa etária. Contemporaneamente existe um público indiferenciado no tocante à idade, nível socioeconômico, profissão, sexo e outros quesitos a serem pensados que se drogam. Não me arrisco a dizer quem se droga em nossos dias, porque as pesquisas nesse sentido, especialmente no Brasil, se concentram quase exclusivamente sobre a juventude e a idade púbere. Mesmo assim, as poucas investigações, em que pese o grande interesse social que o tema desperta, têm apresentado resultados sofríveis. Só sabemos através da grande imprensa que jovens, crianças, homens, mulheres, velhos cidadãos e cidadãs se drogam. Em nosso país, a saúde pública não tem nenhum controle sobre o consumo de drogas. Só recentemente, em 2006, é que o Congresso Nacional aprovaria uma lei diferenciando o vendedor do consumidor de drogas. Ainda não temos uma lei satisfatória sobre este assunto, apesar do território brasileiro ser uma espécie de "entreposto" de drogas a serem encaminhadas ao exterior. Uma parte, evidentemente, fica mesmo no Brasil para o consumo interno.

De outra parte, um aspecto significativo diferencia a atual geração daquela dos anos 50 e 60. Se naquela época, uma parte dos estudantes franceses enfrentou o governo em nome das suas convicções ideológicas (ainda que elas fenecessem mais tarde, o que seria natural), da justiça social, contra os exageros burocráticos do Estado, a política trabalhista e de imigração, entre tantas outras questões, a geração atual tem sido mais comedida nesse aspecto. No caso brasileiro, temos algumas explicações que se justificam até historicamente. Nas décadas de 60 e 70, não só a juventude tinha reais motivos e até obrigação de contestar o Estado, mas também todo cidadão amante da liberdade o teria igualmente. Como se sabe, por 21 anos, os governos militares subtraíram a democracia em nosso país e nos impuseram um regime autoritário de triste memória para a sociedade brasileira.

É preciso lembrar, ainda, que uma das principais articulações dos militares, passava exatamente por um violento e contínuo processo de despolitização de todos os segmentos sociais. Este é um aspecto que, se não quisermos considerar de grande importância, certamente não deve também ser considerado um problema menor. A partir da década de 80 o Estado comunista, nos moldes que conhecíamos, começava a dar sinais de certa fragilidade e impopularidade na Europa. É quando o governo de Mikhail Gorbatchov, percebendo o desgaste do sistema econômico na ex-União das Repúblicas Socialistas Soviéticas, decide por uma nova política governamental e reorganização do Estado Soviético, a partir de 1985. Esta ação política ficaria conhecida pelo nome de *perestroika*, cujo significado no idioma russo é reestruturação. Por decorrência deste fato, surge o processo de democratização e liberdade dos *mass media*, tornando o Estado Soviético mais transparente e, como conseqüência, expondo todas as imperfeições e fragilidades do chamado Estado Comunista. O mundo inteiro ficou conhecendo o que os soviéticos chamavam de *glasnost*, isto é, transparência nas informações.

Do sonho à frustração

Começava, nesse momento, a se desfazer a União das Repúblicas Socialistas Soviéticas. Os países do leste europeu seguiriam o mesmo caminho. Em 9 de novembro de 1989, na Alemanha, ocorreu talvez o momento mais angustiante para o comunismo europeu, contrastando com a alegria e participação da uma multidão de jovens, não só alemães, mas de outros países. O "muro de Berlim" seria demolido e as duas Alemanhas reunificadas. O acontecimento se transformou em verdadeira festa popular realizada por uma juventude que, de fato, não escondia sua felicidade. Este quadro nos mostrava certo refluxo do comunismo no continente europeu. Mas isso significava, ainda, um duro golpe no marxismo como sistema político. A juventude comunista, quando menos, sentiu o desencantamento de um revés.

Momento histórico: a consolidação da liberdade. A juventude agora pode sonhar.

No Brasil, após os 21 anos de silêncio forçado, as manifestações da juventude retomam seu espaço na nossa cultura política, mas agora em outra dimensão. Com o inimigo em "guarda baixa" (os militares passam o poder aos civis), as contestações

A Cultura da Juventude

e protestos ostensivos de rua cediam parte do seu espaço a uma fantástica geração de talentosos músicos que fizeram da década de 80 o momento mais feliz e criativo do *rock'n'roll* brasileiro até hoje. A insatisfação com os desmandos e as prevaricações do Estado, a rebeldia, a contestação e a denúncia política, no entanto, permaneciam com o mesmo vigor e consistência das gerações anteriores. A sutil diferença passa a ser a seguinte: a luta dos jovens agora não se coloca mais em termos ideológicos. Não é mais contra a ditadura e o autoritarismo dos militares e sim pela redemocratização, pela justiça social e contra a corrupção no país. Não desejo me alongar sobre os anos 80, mas também não se pode deixar de destacar parte da obra de Cazuza e Frejat nessa época. Suas canções "Ideologia" e "Brasil" dizem quase tudo o que a juventude aspirava naquele momento e deseja até hoje. Vejamos o texto poético de "Ideologia":

> Meu partido, é um coração partido
> E as ilusões, estão todas perdidas
> Os meus sonhos foram todos vendidos
> Tão barato que eu nem acredito, ah, eu nem acredito
> Que aquele garoto que ia mudar o mundo, mudar o mundo
> Freqüenta agora as festas do *Grand Monde*
> Meus heróis morreram de overdose
> Meus inimigos estão no poder
> Ideologia, eu quero uma pra viver (bis)
> O meu prazer, agora é risco de vida
> Meu *sex and drugs* não tem nenhum rock'n'roll
> Eu vou pagar o analista
> Pra nunca mais ter que saber quem eu sou
> Ah, saber quem eu sou
> Pois aquele garoto que ia mudar o mundo, mudar o mundo
> Agora assiste a tudo em cima do muro, em cima do muro
> Meus heróis morreram de overdose
> Meus inimigos estão no poder
> Ideologia, eu quero uma pra viver
> Ideologia, pra viver
> Pois aquele garoto que ia mudar o mundo, mudar o mundo
> Agora assiste a tudo em cima do muro
> Meus heróis morreram de overdose
> Meus inimigos estão no poder
> Ideologia, eu quero uma pra viver.

Do sonho à frustração

A síntese de todo o texto poético mostra certo descontentamento com as questões político-ideológicas e, de certo modo, com as gerações anteriores. Os cinco primeiros versos, porém, deixam muito claro este desapontamento. A frase "os meus sonhos foram todos vendidos", nos induz a pensar em traição. É como se as gerações anteriores, intencionalmente, deixassem de lutar pelos ideais da juventude, especialmente no plano político-ideológico. A decepção se concretiza porque "aquele garoto que ia mudar o mundo freqüenta agora as festas do *Grand Monde*". Em outros termos, suas convicções ideológicas, ou mudaram de direção (e isso não seria tão improvável) ou simplesmente feneceram. Qualquer uma das alternativas não evita o resultado decepcionante. Talvez, por isso mesmo, é que o refrão da canção seja este: "ideologia, eu quero uma pra viver." Em provável referência aos jovens dos anos 60 ele diz:

> "Meus heróis morreram de overdose
> Meus inimigos estão no poder..."

De fato, alguns jovens importantes daquela geração se perderam no meio do caminho entre as drogas. São muitos os exemplos, tanto no Brasil, quanto no exterior. Apenas para ilustrar, convém lembrarmos respectivamente de Elis Regina e Elvis Presley. Quanto aos inimigos que agora estão no poder, reside a ambigüidade que, a meu ver, só os autores da canção poderiam explicitá-la melhor, mas o ouvinte pode dar sua opinião. Isto porque esses inimigos tanto podem ser os próprios amigos que traíram sua ideologia e, portanto, não são mais amigos, como podem ser, ainda, os velhos donos do poder que nele permanecem. Seja como for, o fato é que esta ambigüidade põe à prova as convicções ideológicas. A ganância e a voracidade pelo poder, pelo menos neste caso, mostram-se muito mais fortes do que a fidelidade aos princípios ideológicos. Não por acaso, o refrão é: "ideologia, eu quero uma pra viver."

A Cultura da Juventude

Não é o caso aqui de discutir uma teoria da ideologia. Mas não há dúvida que ela nos indica o ponto de partida necessário para interpretarmos os processos e o conteúdo da sociedade, independentemente da sua orientação e regime político. Assim, não é difícil perceber que, quando um grupo se apropria do poder, mesmo através do voto democrático, a ideologia se reduz a quase nada. A prática política minimiza e às vezes até anula as convicções ideológicas. Talvez o melhor exemplo empírico deste fato seja mesmo o Brasil de 2003 para cá. Cidadãos com uma imagem pública reconhecidamente proba, de íntegro caráter, combatentes convictos da corrupção, defensores da democracia se viram, de um momento para outro, enredados em atos lesivos ao Estado e à sociedade.

E aqui me lembro de um conceito muito apropriado de Antonio Gramsci, um tanto sumido dos debates acadêmicos, quando discute justamente a idéia de "hegemonia política" e de sociedade civil. Para ele, o poder dos governantes de falarem em nome do povo, da nação, humanidade e outros temas concernentes às relações entre Estado e sociedade é uma forma de garantir sua sobrevivência, isto é, sua permanência no poder.[93]

Pelos motivos aqui apresentados, a canção de Cazuza e Frejat nos passa uma idéia bastante forte no tocante às questões ideológicas e à juventude. Algo assim como se os jovens não tivessem mais nenhuma perspectiva ideológica. E aqui não me refiro apenas a questões de ordem política. Penso mesmo em um sistema de idéias que envolva formas de consciência social, crenças, tradições, princípios e até mesmo de reflexões acerca da sociedade, da política e de questões que discutam as percepções sensoriais do mundo externo. É evidente que os problemas existenciais que integram o universo humano estariam inclusos neste breve conceito de ideologia. Como tantos outros segmentos da sociedade, a juventude também vive e precisa refletir sobre seus problemas existenciais, isto é, sobre a realidade vivida e a viver.

---

93. Este conceito é exaustivamente discutido por Luciano Gruppi em seu livro, *O conceito de hegemonia em Gramsci*. Rio de Janeiro: Graal, 1978.

Do sonho à frustração

Certamente o momento mais impactante de "Ideologia" deixa transparecer um pessimismo incomum. Algo assim como negar-se a si próprio. Vejamos:

> "Eu vou pagar a conta do analista
> Pra nunca mais ter que saber quem eu sou
> Ah, quem eu sou ..."

A impressão que nos passa é a de que o autor deseja se perder (ou continuar perdido) em meio aos seus problemas cotidianos. Quer esquecer sua identidade, o que revela certa sensação de perda, de angústia, quiçá de depressão. Mas pode significar, ainda, a descrença nas gerações anteriores que afinal, como mostram os autores, teriam traído todos os princípios ideológicos da própria juventude, ao capitularem na cotidiana luta política e existencial pela liberdade. O texto poético é inequívoco nesse aspecto:

> "Os meus sonhos, foram todos vendidos
> Tão barato que eu nem acredito, ah, eu nem acredito
> Que aquele garoto que ia mudar o mundo, mudar o mundo
> Freqüenta agora as festas do *Grand Monde*"

A desilusão aqui é notória e incontornável. Aliás, mais do que isso. Decepção seria o termo apropriado para este tipo de sentimento que, em última instância, significa uma terrível frustração. E mais: expressa ainda o bloqueio de uma pulsão, de grande ameaça de perda, do sentimento de fracasso, de sofrimento, de morte, enfim, de estados emocionais inerentes à condição humana.

De todas as frases, "os meus sonhos foram todos vendidos" é a que demonstra o mais profundo desencanto com aquela geração dos anos 60. Nessa época, em todo o mundo, estavam em evidência as teorias de Karl Marx sobre as relações entre o Estado e a sociedade, o capital e o trabalho. Eram muitos realmente os jovens que, como dizia Cazuza, queriam "mudar o mundo". O melhor exemplo fica mesmo por conta da juventude francesa e seu movimento político

A Cultura da Juventude

em maio de 1968, como já vimos. No Brasil, essas lutas começaram pelos estudantes, mas receberam adesão de boa parte da juventude, especialmente no meio urbano.

Aqueles acontecimentos, no entanto, não passaram de uma utopia, de um sonho impossível de se concretizar. Os jovens desejavam uma sociedade idealizada e fundamentada em leis justas, instituições políticas e econômicas socialmente equânimes e inteiramente comprometidas com o bem coletivo da sociedade e não apenas com alguns poucos de seus segmentos. Eles almejavam, sobretudo, um modelo ideal e perfeito de sociedade, concebido como crítica ao *status quo*. Tudo isso, porém, tornar-se-ia inexeqüível. A luta político-ideológica daquela juventude esbarrava na grande muralha, na fortaleza de um capitalismo conservador e extremamente forte, cujas condições políticas e econômicas formavam, como formam ainda hoje, as vigorosas bases da dura realidade que vivemos. A igualdade e a justiça social nunca foram as preocupações preferenciais do capitalismo. Basta lembrar, por exemplo, o grande fosso socioeconômico entre as classes sociais e a distribuição da riqueza em nosso país.

Aliás, este sistema econômico tem suas estruturas assentadas na legitimidade dos bens privados, na plena liberdade de comércio e indústria, como a principal meta para chegar ao lucro. Esta, sim, é a palavra que rege todas as relações na sociedade do capital, que os jovens dos anos 60 tentaram transformar e humanizar mais as relações sociais, mudando as bases político-ideológicas do próprio Estado. Mas tudo ficou no desejo, no sonho e na utopia. E para grande decepção das gerações posteriores, como diz o texto-poético, "...aquele garoto que ia mudar o mundo, freqüenta agora as festas do *Grand Monde*."

De fato, aqueles jovens revolucionários que não realizaram sua utopia, foram cuidar de suas vidas, de situarem-se em um espaço possível na sociedade capitalista, uma vez que não puderam transformá-la. Negá-la simplesmente e ficar à margem de todo o processo produtivo era um ilusório romantismo que levaria a

Do sonho à frustração

descaminhos, à falta de equilíbrio e de competência para reciclar sua própria conduta social. Alguns poucos jovens (hoje senhores) talvez mais convictos de seus princípios ideológicos, optaram por esta trajetória. Eles se descolaram inteiramente da realidade concreta daquele período e permanecem à margem da nossa contemporaneidade. Mesmo assim, como todo cidadão, eles também estão submetidos à obediência às leis, regras e normas da sociedade capitalista. Não há como nela viver sem participar das relações de troca, ainda que se lute contra a essência ideológica do capital que é o lucro, baseado naquilo que Karl Marx chamou de *mais-valia*. Isto é impossível.

Outros jovens, porém, não tiveram nenhuma opção. Eles foram assassinados defendendo a ideologia na qual acreditavam, pela terrível repressão do Estado militar que se abateu sobre nosso país nessa época. Para não personalizar a barbárie daquele sinistro período citando nomes de vítimas, prefiro usar as palavras do advogado criminalista José Carlos Dias: "defendi centenas de presos políticos durante a ditadura. Vi as marcas das torturas nos corpos de meus clientes. Muitos tinham aderido à luta armada, outros foram presos, embora se opondo à guerrilha. Durante tantos anos de angústia, sofrimento e medo, nós advogados vivemos até o desafio de nos transformar em detetives à procura de sobreviventes e tornamo-nos, tantas vezes, defensores de memórias."[94] Este relato é convincente e esclarecedor para sabermos quão abnegados e convictos eram aqueles jovens de sua ideologia.

De outra parte, com o fim da utopia e o sonho desfeito a outra alternativa, a mais plausível era mesmo integrar-se à sociedade de classes e nela profissionalizar-se como tantas outras pessoas o fazem, porque afinal esta é a lógica do capitalismo. Ou nos integramos a ele e isso não significa absolutamente prescindir das nossas convicções políticas e ideológicas, ou sobreviveremos de forma acanhada e precária à margem da sociedade. Estaríamos

---

94. Dias, José Carlos. Os desaparecidos. In: *Reparação ou impunidade?* Teles, Janaina (org.). São Paulo: Humanitas FFLCH/USP, 2001, p. 69.

então pensando isoladamente em um mundo que poderia ter sido mas que não foi. E isso não significa, evidentemente, que não poderá vir a ser. É bem verdade que o fim do muro de Berlim passou a ser agora um significativo símbolo divisor da História. Que se pense ainda na *glasnost* e na *perestroika* da ex-União Soviética. Nesse sentido, portanto, a profissionalização parece ser mesmo a melhor alternativa para vivermos com dignidade na sociedade de classes ou em qualquer outro lugar.

De outra parte, não há dúvida de que as críticas de "Ideologia" têm sentido. É preciso, no entanto, ponderar um aspecto importante, até para fazer justiça àqueles jovens e hoje senhores que freqüentam "as festas do *grand monde*", mas que nos anos 60 eram revolucionários, transgrediam a ordem estabelecida e queriam mesmo "mudar o mundo". Ora, freqüentar o *grand monde* não significa, necessariamente, prescindir dos princípios ideológicos em que se acredita. A presença de uma pessoa nesse universo poderá ser o resultado de várias razões, entre elas, até mesmo uma exigência formal da sua profissão. Portanto, uma coisa nada tem a ver com a outra.

Seja como for, o fato é que as gerações que aqui analisamos podem ter sido mesmo românticas e utópicas em suas reivindicações e desejos. Mas é verdade, também, que elas contribuíram enormemente para que as gerações posteriores se libertassem das amarras, das repressões da sociedade conservadora. Nesse momento, a instituição patriarcal sentiria os primeiros abalos em sua sólida estrutura. Mesmo assim, o controle social era implacável, a liberdade vigiada, o corpo patrimônio da família e a virgindade da mulher uma moeda de troca de alto valor matrimonial.

Hoje já não se fala mais, mas a primeira pirueta de uma jovem dançando o *rock'n'roll* nos anos 50 e fazendo aparecer sua calcinha, foi também a primeira grande transgressão no tocante à moral sexual da época. Foi ainda, sem dúvida, o pontapé inicial para que toda a juventude posteriormente viesse a ser realmente dona do seu próprio corpo. O período do governo Juscelino Kubitschek

Do sonho à frustração

testemunhou a explosão de toda a sensualidade dos nossos jovens, como hoje presenciamos a volúpia de um beijo na esquina, no ponto de ônibus, a bolinagem nos bares, avenidas ou em qualquer lugar. Uma situação é decorrente da outra, mas também da rejeição da juventude à repressão sexual. O tempo contou a seu favor e assim ela foi se tornando mais libertária. Não apenas em relação ao seu corpo, mas em todas as suas atividades. Uma conquista de décadas que transformou sua realidade. A recusa ao controle social, a avidez por aventuras e novidades, a natural contestação às normas estabelecidas, as lutas políticas nos anos 60 e 70, o legado e a experiência da contracultura, o justo desejo de traçar seu próprio destino, tudo isso fez com que os jovens se tornassem mais seguros daquilo que desejam realizar. Se "o sonho acabou" como muito bem disse John Lennon, não há motivos para desencantamentos. Haverá sempre uma juventude disposta a renovar as esperanças e a lutar por uma sociedade mais justa, como ela sempre desejou e reivindica em nossos dias.

Beatles: os maiores revolucionários do comportamento da juventude.

Referências bibliográficas

AGUILLAR, Antônio. *Histórias da Jovem Guarda*. São Paulo: Globo, 2005.

ALBIN, Ricardo Cravo. *O livro de ouro da MPB*. Rio de Janeiro, Ediouro, 2003.

BAUDRILLARD, Jean. *Simulacros e simulação*. Santa Maria da Feira, Portugal: Relógio d'Água, 1991.

BERENDT, Joachim Ernst. *El jazz – su origen y desarrollo*. México: Fondo de Cultura Econômica, 1962.

BRANDÃO, Antonio Carlos e outros. *Movimentos culturais de juventude*. São Paulo: Moderna, 2001.

CAMARINHA, Isabel e outros. *Elvis*. Porto, Portugal: Centelha – Promoção do Livro, 1986.

CAMPOS, Augusto de. *Balanço da bossa e outras bossas*. São Paulo: Perspectiva, 1986.

CANEVACCI, Massimo. *Sincretismos – uma exploração das hibridações culturais*. São Paulo: Studio Nobel, 1996.

CITELLI, Adilson. *Palavras, meios de comunicação e educação*. São Paulo: Cortez, 2006.

COHEN, Jean. *Estrutura da linguagem poética*. São Paulo: Cultrix e Editora da Universidade de São Paulo, 1974.

COSTA, Cristina. *Caminhando contra o vento – uma aventura adolescente dos anos 60*. São Paulo: Moderna, 1996.

DALLARI, Dalmo de Abreu. *O futuro do estado*. São Paulo: Moderna, 1980.

DAPIEVE, Arthur. *BRock – o rock brasileiro dos anos 80*. São Paulo: Editora 34, 1995.

FERRY, Luc. *Homo aestheticus – a invenção do gosto na era democrática*. São Paulo: Ensaio, 1994.

FREUD, Sigmund. *O mal-estar na civilização*. Rio de Janeiro: Imago, 1974.

FRIEDMAN, Myra. *Enterrada viva – a biografia de Janis Joplin*. Rio de Janeiro: Civilização Brasileira, 1983.

FOUCAULT, Michel. *História da sexualidade – I a vontade de saber*. Rio de Janeiro: Graal, 1977.

GEERTZ, Clifford. *A interpretação das culturas*. Rio de Janeiro: Zahar, 1978.

HOBSBAWN, Eric. *A era dos extremos – o breve século XX – 1914-1991*. São Paulo: Companhia das Letras, 2006.

HOLLANDA, Heloisa B. de e outros. *Cultura e participação nos anos 60*. São Paulo: Brasiliense, 1995.

HOUZEL, Suzana Herculano. *Sexo, drogas, rock'n'roll... e chocolate – o cérebro e os prazeres da vida cotidiana*. Rio de Janeiro: Vieira e Lent, 2003.

KAISER, Rolf-Ulrich. *El mundo de la musica pop*. Barcelona: Barral, 1994.

KONIG, René. *Sociología de la moda*. Buenos Aires: Carlos Lohlé, 1998.

LAPLANCHE, J. e outros. *Vocabulário da Psicanálise*. Santos, São Paulo: Martins Fontes, 1970.

LÉGER, Irene. *Os adolescentes no mundo contemporâneo*. Porto: Portugal, 1997.

LEITE, Ivana Arruda. *Eu te darei o céu – e outras promessas dos anos 60*. São Paulo: Editora 34, 2004.

MACIEL, Luiz Carlos. *As quatro estações*. Rio de Janeiro: Record, 2001.

MARANHÃO, Ricardo. *O governo Juscelino Kubitschek*. São Paulo: Brasiliense, 1994.

MARCONDES, Ciro Filho. *A produção social da loucura*. São Paulo: Paulus, 2003.

MARTINS, Rui. *A rebelião romântica da jovem guarda*. São Paulo: Fulgor, 1966.

MATOS, Olgária C. F. *A escola de frankfurt – luzes e sombras do iluminismo*. São Paulo: Moderna, 1999.

MEDEIROS, Paulo de Tarso C. *A aventura da Jovem Guarda*. São Paulo: Brasiliense, 1984.

MORIN, Edgar. *Cultura e comunicação de massa*. Rio de Janeiro: Fundação Getúlio Vargas, 1982.

MORRISON, Jim. *Jim Morrison, por ele mesmo*. São Paulo: Martin Claret, 1978.

MUGGIATI, Roberto. *Rock: de Elvis à beatlemania (1954-1966)*. São Paulo: Brasiliense, 1985.

MUGGIATI, Roberto. *Rock, o grito e o mito*. Petrópolis: Vozes, 1973.

MUGGIATI, Roberto. *Rock: do sonho ao pesadelo*. Porto Alegre: L&PM, 1984.

NIETZSCHE, Friedrich. *A visão dionisíaca do mundo*. São Paulo: Martins Fontes, 2005.

ORTIZ, Renato. (org.) *Pierre Bourdieu*. São Paulo: Ática, 1983.

PEREIRA, Carlos Alberto M. *O que é contracultura*. São Paulo: Brasiliense, 1983.

PRESLEY, Priscilla Beaulieu e outros. *Elvis e eu*. Rio de Janeiro: Rocco, 1985.

PUGIALLI, Ricardo. *No embalo da jovem guarda*. Rio de Janeiro: Ampersand, 1995.

RIBEIRO, Rui. *Orlando Silva, cantor número um das multidões*. São Paulo: Cruzeiro do Sul, 1984.

REICH, Wilhelm. *O combate sexual da juventude*. São Paulo: Epopéia, 1986.

ROBINSON, Paul A. *A esquerda freudiana*. Rio de Janeiro: Civilização Brasileira, 1971.

ROSZAK, Theodore. *A contracultura*. Petrópolis: Vozes, 1972.

SCHNEIDER, Leda. *Marginalidade e delinqüência juvenil*. São Paulo: Editora, 1982.

SENNETT, Richard. *A cultura do novo capitalismo*. Rio de Janeiro: Record, 2006.

SILVA, Deonísio. *Nos bastidores da censura – sexualidade, literatura e repressão pós-64*. São Paulo: Clube do Livro, 1989.

SLOTERDIJK, Peter. *No mesmo barco – ensaio sobre a hiperpolítica*. São Paulo: Estação Liberdade, 1999.

SOUZA, Tárik de. *O som nosso de cada dia*. Porto Alegre: L&PM, 1993.

TELES, Janaína. (org.) *Mortos e desaparecidos políticos: reparação ou impunidade*. São Paulo: Humanitas FFLCH/USP, 2001.

TINHORÃO, José Ramos. *História social da música popular brasileira*. Lisboa: Caminho, 1990.

VÁRIOS autores. *Psicanálise: factores sócio-políticos*. Porto, Portugal: RÉS, 2000.

VÁRIOS autores. *Da ideologia*. Rio de Janeiro: Zahar, 1988.

WATTS, Alan. *Cultura da contracultura*. Rio de Janeiro: Fissus, 2002.

IMPRESSÃO E ACABAMENTO
Editora RBB Ltda
Tel.: (11) 3873.2656

Este livro foi composto nas fontes Times New Roman e Frutiger
pela Art Style Comunicação e Design